注册会计师全国统一考试历年试题汇编

审 计

中国注册会计师协会 组织编写

中国财经出版传媒集团
中国财政经济出版社
·北京·

图书在版编目（CIP）数据

审计/中国注册会计师协会组织编写．--北京：
中国财政经济出版社，2024.2
注册会计师全国统一考试历年试题汇编
ISBN 978-7-5223-2851-5

Ⅰ.①审… Ⅱ.①中… Ⅲ.①审计-资格考试-习题集 Ⅳ.①F239-44

中国国家版本馆 CIP 数据核字（2024）第 022929 号

责任编辑：赵泽蓬　　　　　责任校对：胡永立
封面设计：孙俪铭　　　　　责任印制：党　辉

审计
SHENJI

中国财政经济出版社 出版

URL：http://www.cfeph.cn
E-mail：cfeph@cfeph.cn

（版权所有　翻印必究）

社址：北京市海淀区阜成路甲28号　邮政编码：100142
营销中心电话：010-88191522
天猫网店：中国财政经济出版社旗舰店
网址：https://zgczjjcbs.tmall.com
河北眺山实业有限责任公司印刷　各地新华书店经销
成品尺寸：185mm×260mm　16 开　5.75 印张　127 000 字
2024 年 2 月第 1 版　2024 年 2 月河北第 1 次印刷
定价：18.00 元
ISBN 978-7-5223-2851-5
（图书出现印装问题，本社负责调换，电话：010-88190548）
本社图书质量投诉电话：010-88190744
打击盗版举报热线：010-88191661　QQ：2242791300

前　　言

注册会计师独立审计是财会监督体系的重要组成，注册会计师行业是高端服务业重要的专业服务类别，承担着中介机构执业监督的重要使命。伴随着改革开放和社会主义市场经济体制建设的历史进程，我国注册会计师行业不断发展壮大，在全面服务国家建设、促进提高会计信息质量、维护金融安全稳定、提高资源配置效率等方面都发挥了十分重要的作用。

《中华人民共和国注册会计师法》规定，国家实行注册会计师全国统一考试制度。注册会计师全国统一考试作为注册会计师行业资格准入的重要环节，在引导会计专业人才健康成长、评价会计专业人才资质能力、建设会计专业人才队伍等方面发挥了不可替代的作用。

注册会计师全国统一考试分为专业阶段和综合阶段两个阶段。专业阶段考试设会计、审计、财务成本管理、公司战略与风险管理、经济法、税法6个科目，主要测试考生是否具备注册会计师执业所需要的专业知识，是否掌握基本的职业技能和职业道德。综合阶段考试设职业能力综合测试科目，分设试卷一和试卷二，主要测试考生是否具备在执业环境中综合运用专业知识，坚持正确的职业价值观、遵从职业道德规范、保持正确的职业态度，有效解决实务问题的能力。

为贯彻国家人才战略和行业人才全生命周期管理理论，落实注册会计师考试质量保证体系改革精神，体现理论性、科学性、全面性、系统性、实践性、可读性等质量要求，有效帮助考生复习备考，我会组织专家以大学会计专业等相关专业应当掌握的专业知识为基准，编写了专业阶段考试6个科目的辅导教材，选编了《经济法规汇编》，还分科目汇编了近5年专业阶段和综合阶段考试的试题。

本套辅导教材以及相关用书，不是注册会计师全国统一考试的指定用书。对于其中存在的疏漏和错误之处，欢迎读者指正。

中国注册会计师协会
2024年2月

目 录

2023 年注册会计师全国统一考试
《审计》试题及答案 ………………………………………………… (1)

2022 年注册会计师全国统一考试
《审计》试题及答案 ………………………………………………… (19)

2021 年注册会计师全国统一考试
《审计》试题及答案 ………………………………………………… (36)

2020 年注册会计师全国统一考试
《审计》试题及答案 ………………………………………………… (53)

2019 年注册会计师全国统一考试
《审计》试题及答案 ………………………………………………… (69)

2023 年注册会计师全国统一考试

《审计》试题及答案

一、单项选择题（本题型共 20 小题，每小题 1 分，共 20 分。每小题只有一个正确答案，请从每小题的备选答案中选出一个你认为正确的答案，用鼠标点击相应的选项。）

1. 下列有关注册会计师审计的作用的说法中，错误的是（ ）。
   A. 注册会计师审计可以促进上市公司会计信息质量的提高
   B. 注册会计师审计可以在很大程度上防止市场交易的欺诈，增强交易各方的信心
   C. 注册会计师审计可以确定企业财务报表的真实性、合法性和有效性
   D. 注册会计师审计可以推进企业改制上市、优化资源配置和促进经济结构调整
   答案：C

2. 下列有关审计证据的说法中，错误的是（ ）。
   A. 审计证据既包括支持和佐证管理层认定的信息，也包括与这些认定相矛盾的信息，信息的缺乏本身也可能构成审计证据
   B. 注册会计师需要获取的审计证据的数量受其对重大错报风险评估的影响，并受审计证据质量的影响
   C. 审计证据的可靠性受其来源和性质的影响，不同来源和性质的审计证据相矛盾时，注册会计师应对这些证据加以比较并采用其中更可靠的审计证据
   D. 注册会计师可以考虑获取证据的成本与所获取信息有用性之间的关系，但不应仅以获取证据的困难和成本为由减少不可替代的程序
   答案：C

3. 下列各项中，不属于审计固有限制的来源的是（ ）。
   A. 被审计单位财务报告的性质
   B. 审计提供的保证程度
   C. 审计程序的性质
   D. 在合理的时间内以合理的成本完成审计的需要
   答案：B

4. 注册会计师在确定编制财务报表所采用的财务报告编制基础的可接受性时，下列各项因素中，通常无需考虑的是（ ）。
   A. 被审计单位的性质　　　　　　　　B. 被审计单位管理层的责任

C. 财务报表的目的　　　　　　　　D. 财务报表的性质
答案：B

5. 下列各项因素中，注册会计师在为选定的基准确定百分比，以确定财务报表整体的重要性时，通常需要考虑的是（　　）。
   A. 财务报表使用者的范围
   B. 基准的相对波动性
   C. 财务报表中是否存在高度不确定性的大额会计估计
   D. 与被审计单位所处行业相关的关键性披露
   答案：A

6. 下列有关审计程序的说法中，错误的是（　　）。
   A. 实施检查程序获取的审计证据的可靠性不受被审计单位内部控制有效性的影响
   B. 询问程序广泛应用于整个审计过程中，往往作为其他审计程序的补充
   C. 函证程序可以用于获取不存在某些情况的审计证据
   D. 观察程序提供的审计证据会因观察时点而受到限制
   答案：A

7. 下列有关统计抽样和非统计抽样的说法中，正确的是（　　）。
   A. 统计抽样是随机选取样本项目，非统计抽样不是随机选取样本项目
   B. 统计抽样考虑抽样风险，非统计抽样无需考虑抽样风险
   C. 相比于非统计抽样，统计抽样可能发生额外的成本
   D. 统计抽样提供的结果的有效性高于非统计抽样
   答案：C

8. 下列有关在控制测试中应用审计抽样的说法中，正确的是（　　）。
   A. 在既定的可容忍偏差率下，预计总体偏差率越小，所需的样本规模就越大
   B. 偏离既定的内部控制将增加重大错报风险，因此，与细节测试中设定的可容忍错报相比，注册会计师通常为控制测试设定相对较低的可容忍偏差率
   C. 在某些特定情况下，预计总体偏差率可以超过可容忍偏差率
   D. 在定义总体时，注册会计师必须考虑总体的同质性
   答案：D

9. 下列有关审计工作底稿编制目的的说法中，错误的是（　　）。
   A. 提供充分、适当的记录，作为出具审计报告的基础
   B. 为治理层监督被审计单位的财务报告过程提供依据
   C. 证明注册会计师已按照审计准则的规定执行审计工作
   D. 便于会计师事务所实施项目质量复核与检查
   答案：B

10. 下列有关风险识别和评估的说法中，错误的是（　　）。
    A. 风险的识别和评估是审计风险控制流程的起点
    B. 风险识别是指找出财务报表层次和认定层次的重大错报风险
    C. 风险评估是指对重大错报发生的可能性或严重程度进行评估

D. 风险的识别和评估是一个连续和动态地收集、更新与分析信息的过程

答案：C

11. 下列有关注册会计师了解被审计单位内部控制体系各要素的说法中，错误的是（   ）。

    A. 注册会计师对被审计单位内部环境的了解和评价，更有可能影响其对财务报表层次重大错报风险的识别和评估
    B. 注册会计师对被审计单位风险评估的了解和评价，更有可能影响其对财务报表层次重大错报风险的识别和评估
    C. 注册会计师对被审计单位内部监督的了解和评价，更有可能影响其对认定层次重大错报风险的识别和评估
    D. 注册会计师对被审计单位控制活动的了解和评价，更有可能影响其对认定层次重大错报风险的识别和评估

    答案：C

12. 下列情形中，通常不会增加注册会计师评估的重大错报风险发生的可能性的是（   ）。

    A. 被审计单位与控股母公司在同一经营场所办公
    B. 被审计单位董事会下设审计委员会，负责监督财务报告过程
    C. 被审计单位投资了众多联营公司
    D. 被审计单位的主要供应商为控股母公司控制的其他公司

    答案：B

13. 下列各项中，不属于注册会计师为应对舞弊导致的财务报表层次重大错报风险而应当实施的措施的是（   ）。

    A. 在分派项目组成员时，考虑承担重要业务职责的项目组成员所具备的知识、技能和能力
    B. 评价被审计单位对会计政策的选择和运用，是否可能表明管理层通过操纵利润对财务信息作出虚假报告
    C. 采用综合性方案，以应对舞弊导致的重大错报风险
    D. 增加审计程序的不可预见性

    答案：C

14. 在执行财务报表审计时，下列有关注册会计师对法律法规的考虑的说法中，正确的是（   ）。

    A. 违反法律法规是指被审计单位、治理层、管理层或为被审计单位工作或受其指导的其他人，有意或无意违背现行法律法规的行为
    B. 某些法律法规对财务报表没有直接影响，但对经营活动至关重要，注册会计师有责任就被审计单位遵守这些法律法规获取充分、适当的审计证据
    C. 如果认为识别出的或怀疑存在的违反法律法规行为对财务报表具有重大影响，且未能在财务报表中得到恰当反映，注册会计师应当发表保留意见或无法表示意见

D. 除非法律法规禁止，注册会计师应当与治理层沟通审计过程中关注到的违反法律法规行为，但不必沟通明显不重要的事项

答案：D

15. 下列各项中，通常不属于注册会计师与治理层沟通的内容的是（   ）。
    A. 识别出的特别风险
    B. 审计工作中遇到的重大困难
    C. 针对舞弊风险执行不可预见审计程序的具体时间安排和范围
    D. 注册会计师对财务报表主观方面的看法

答案：C

16. 下列有关利用内部审计人员的工作的说法中，正确的是（   ）。
    A. 注册会计师对发表的审计意见独立承担责任，利用内部审计人员的工作不应影响注册会计师直接实施的审计程序的性质、时间安排和范围
    B. 注册会计师应当针对计划利用的全部内部审计工作实施充分的审计程序，以确定其对于实现审计目的是否适当
    C. 如果内部审计没有采用系统、规范化的方法，注册会计师不得利用内部审计人员的工作
    D. 在利用内部审计人员提供直接协助前，注册会计师应当从拥有相关权限的被审计单位代表人员或内部审计人员处获取书面协议

答案：B

17. 对于财务报表审计，下列有关持续经营的说法中，正确的是（   ）。
    A. 如果被审计单位存在因持续经营问题导致的重大错报风险，注册会计师应当根据具体情况，将其识别为财务报表层次或认定层次重大错报风险
    B. 管理层对持续经营能力作出的评估缺乏详细分析，可能不妨碍注册会计师就管理层运用持续经营假设是否适当得出结论
    C. 如果管理层评估持续经营能力涵盖的期间短于自财务报表日起的12个月，注册会计师的评价期间应当与管理层作出评估的涵盖期间相同
    D. 注册会计师应当实施检查等专门程序，以识别超出管理层评估期间并可能导致对被审计单位持续经营能力产生重大疑虑的事项或情况

答案：B

18. 在财务报表报出后，如果注册会计师知悉了若在审计报告日知悉可能导致修改审计报告的事项，下列有关注册会计师采取的措施的说法中，错误的是（   ）。
    A. 如果管理层修改了财务报表，注册会计师应当根据具体情况对有关修改实施必要的审计程序
    B. 如果管理层修改了财务报表，注册会计师应当复核管理层采取的措施能否确保所有收到原财务报表和审计报告的人士了解这一情况
    C. 如果管理层修改了财务报表且修改仅限于反映导致修改的期后事项的影响，注册会计师应当仅针对修改延伸实施审计程序，并修改审计报告或出具新的审计报告

D. 如果注册会计师已经通知管理层或治理层，而管理层或治理层没有采取必要措施，注册会计师应当采取适当措施，以设法防止财务报表使用者信赖该审计报告

答案：C

19. 下列有关在审计报告中沟通关键审计事项的作用的说法中，错误的是（ ）。
    A. 通过提高已执行审计工作的透明度增加审计报告的沟通价值
    B. 帮助财务报表预期使用者了解注册会计师根据职业判断认为对本期财务报表审计最为重要的事项
    C. 帮助财务报表预期使用者了解已审计财务报表中涉及重大管理层判断的领域
    D. 帮助财务报表预期使用者了解与被审计单位相关的重要原始信息

    答案：D

20. 对于内部控制审计业务，下列有关非财务报告内部控制缺陷的说法中，错误的是（ ）。
    A. 如果认为非财务报告内部控制缺陷为一般缺陷，注册会计师无需在内部控制审计报告中说明
    B. 如果认为非财务报告内部控制缺陷为重要缺陷，注册会计师无需在内部控制审计报告中说明
    C. 如果认为非财务报告内部控制缺陷为重大缺陷，注册会计师应当在内部控制审计报告中增加强调事项段，提示内部控制审计报告使用者注意相关风险
    D. 即使认为非财务报告内部控制缺陷为重大缺陷，注册会计师也无需对其发表审计意见

    答案：C

二、**多项选择题**（本题型共 15 小题，每小题 2 分，共 30 分。每小题均有多个正确答案，请从每小题的备选答案中选出你认为正确的答案，用鼠标点击相应的选项。每小题所有答案选择正确的得分，不答、错答、漏答均不得分。）

1. 下列各项中，通常直接用于衡量注册会计师职业判断质量的有（ ）。
    A. 注册会计师的经验和专业技能
    B. 注册会计师的独立性
    C. 注册会计师作出决策的一贯性和稳定性
    D. 注册会计师作出的职业判断结论的可辩护性

    答案：CD

2. 下列有关审计风险的说法中，正确的有（ ）。
    A. 审计风险是指当财务报表存在重大错报时，注册会计师未能恰当识别重大错报的可能性
    B. 审计风险取决于固有风险和检查风险
    C. 注册会计师不可能将审计风险降至零
    D. 审计风险是一个与审计过程相关的技术术语，并不是指注册会计师执业的法律

后果

答案：CD

3. 下列有关实际执行的重要性的说法中，正确的有（　　）。
   A. 确定实际执行的重要性，旨在将财务报表中未更正错报的汇总数超过财务报表整体的重要性的可能性降至适当的低水平
   B. 确定实际执行的重要性时，注册会计师应当考虑对报表项目的风险评估结果，而无需使用将财务报表整体的重要性分配至各个报表项目的方法
   C. 考虑到低估风险、舞弊风险以及汇总后的潜在错报风险，注册会计师不应对所有金额低于实际执行的重要性的财务报表项目不实施进一步审计程序
   D. 实际执行的重要性还可能指注册会计师确定的低于特定类别的交易、账户余额或披露的重要性水平的一个或多个金额

   答案：BCD

4. 下列各项中，可能导致非抽样风险的有（　　）。
   A. 注册会计师选择了不适合于实现特定目标的审计程序
   B. 注册会计师选择的总体不适合于测试目标
   C. 注册会计师错误解读审计证据导致没有发现误差
   D. 注册会计师未能适当地定义误差

   答案：ABCD

5. 在实施控制测试时，下列有关注册会计师使用统计抽样方法评价样本结果的说法中，正确的有（　　）。
   A. 如果总体偏差率上限高于可容忍偏差率，则总体不能接受
   B. 如果总体偏差率上限大大低于可容忍偏差率，则总体可以接受
   C. 如果总体偏差率上限低于但接近可容忍偏差率，注册会计师通常认为实际的总体偏差率很可能高于可容忍偏差率，因而总体不能接受
   D. 如果对总体偏差率的评价在可接受的范围内，注册会计师通常无需再对样本中的所有控制偏差进行定性分析

   答案：AB

6. 下列有关信息技术对审计的影响的说法中，正确的有（　　）。
   A. 在信息技术环境下，审计工作与注册会计师对信息系统的依赖程度间接关联
   B. 当被审计单位运用信息技术的程度很低时，注册会计师无需了解与审计相关的信息技术一般控制
   C. 如果针对某一具体审计目标存在有效的信息处理控制，注册会计师在测试并确定其运行有效后，通常能够减少实质性程序
   D. 如果注册会计师计划依赖自动化控制生成的信息，就需要适当扩大信息技术审计的范围

   答案：CD

7. 下列各项中，属于注册会计师记录的通过抽样选取的样本的识别特征的有（　　）。
   A. 执行抽样的时间　　　　　　　　B. 选取样本的来源

C. 确定的抽样起点　　　　　　D. 确定的抽样间隔

答案：BCD

8. 下列各项中，属于注册会计师在归档期间对审计工作底稿作出的事务性变动的有（　　）。

   A. 删除被取代的审计工作底稿
   B. 对审计工作底稿进行分类和整理
   C. 记录在审计报告日前获取的、与项目组相关人员进行讨论并达成一致意见的审计证据
   D. 将审计报告日后获取的、被审计单位管理层签署的书面声明归入审计工作底稿

   答案：ABC

9. 下列有关认定层次重大错报风险的说法中，错误的有（　　）。

   A. 认定层次重大错报风险既可能受到财务报表层次重大错报风险识别和评估结果的影响，也可能反过来影响财务报表层次重大错报风险的识别和评估
   B. 对于识别出的认定层次重大错报风险，注册会计师既可以分别评估固有风险和控制风险，也可以将二者混合起来作出评估
   C. 注册会计师应当依据固有风险和控制风险，识别哪些交易类别、账户余额和披露的某项认定存在重大错报风险，进而将其确定为相关认定
   D. 在评估识别出的认定层次重大错报风险时，注册会计师应当考虑，固有风险如何以及在何种程度上影响相关认定易于发生错报的可能性

   答案：BC

10. 如果注册会计师已获取有关控制在期中运行有效性的审计证据，并拟利用该证据，下列情形中，注册会计师需要针对剩余期间获取更多补充证据的有（　　）。

    A. 剩余期间的长度较短
    B. 评估的认定层次重大错报风险较高
    C. 控制环境薄弱
    D. 在信赖控制的基础上拟缩小实质性程序的范围较大

    答案：BCD

11. 下列有关注册会计师评价舞弊风险因素的说法中，正确的有（　　）。

    A. 舞弊风险因素的评价影响舞弊导致的重大错报风险是否为特别风险的评估结果
    B. 舞弊风险因素的评价需要考虑内部控制要素的影响
    C. 舞弊风险因素的重要程度影响舞弊导致的重大错报风险评估结果
    D. 舞弊风险因素的相关性不影响舞弊导致的重大错报风险评估结果

    答案：BC

12. 下列有关前任注册会计师和后任注册会计师的沟通的说法中，正确的有（　　）。

    A. 前任注册会计师包括接受委托对上期财务报表进行审计或审阅，但未完成工作，已经或可能与委托人解除业务约定的注册会计师
    B. 在征得被审计单位书面同意后，前任注册会计师应当根据所了解的事实，对后任注册会计师在接受委托前的合理询问及时作出充分答复

C. 如果发现前任注册会计师审计的财务报表可能存在重大错报，后任注册会计师应当直接告知前任注册会计师，以便作出妥善处理

D. 沟通可以采用书面或口头的方式进行，无论采用何种沟通方式，后任注册会计师都应将沟通的情况记录于审计工作底稿

答案：BD

13. 下列情形中，注册会计师应当计划较少利用内部审计工作，而更多地直接执行审计工作的有（　　）。

A. 在计划和实施相关审计程序、评价收集的审计证据时，涉及较多判断

B. 评估的认定层次重大错报风险较高，需要对识别出的特别风险予以特殊考虑

C. 涉及内部审计人员已经参与且已经或将要由内部审计部门向管理层或治理层报告的工作

D. 内部审计在被审计单位中的地位以及相关政策和程序对内部审计人员客观性的支持程度较弱

答案：ABD

14. 下列有关持续经营对审计报告的影响的说法中，正确的有（　　）。

A. 如果运用持续经营假设是不适当的，而管理层采用在具体情况下可接受的其他编制基础编制财务报表并对此作出充分披露，注册会计师可以发表无保留意见并增加强调事项段

B. 如果运用持续经营假设是适当的，已识别的可能导致对被审计单位的持续经营能力产生重大疑虑的事项或情况不存在重大不确定性，注册会计师应当发表无保留意见

C. 如果运用持续经营假设是适当的，但存在多项对财务报表整体具有重要影响的重大不确定性，即使财务报表已对此作出充分披露，注册会计师也可能发表无法表示意见

D. 如果运用持续经营假设是适当的，但存在重大不确定性，财务报表未对此作出充分披露，注册会计师应当发表保留意见或否定意见，并增加"与持续经营相关的重大不确定性"部分，提醒财务报表使用者予以关注

答案：AC

15. 对于内部控制审计，下列各项风险因素中，注册会计师在评价控制缺陷严重程度时，应当考虑的有（　　）。

A. 相关资产或负债易于发生损失或舞弊的可能性

B. 控制缺陷之间的相互作用

C. 控制缺陷所涉及的账户及其相关认定的性质

D. 控制缺陷在未来可能产生的影响

答案：ABCD

三、简答题（本题型共6小题31分。）

1. （本小题5分。）ABC会计师事务所的A注册会计师负责审计甲公司2022年度财务报表。与存货审计相关的部分事项如下：

（1）甲公司于 2022 年年中启用新的存货管理系统，实现了存货的全流程自动化管理。A 注册会计师对存货采用综合性方案，测试了与该系统相关的信息技术一般控制及信息处理控制运行的有效性，结果满意，据此认为与存货相关的控制运行有效。

（2）A 注册会计师从甲公司获取了存货存放地点清单，在考虑了不同地点所存放存货的重要性以及对各个地点与存货相关的重大错报风险评估结果后，选择部分地点进行监盘，并记录了选择这些地点的原因。

（3）甲公司在长期合作的第三方存放的存货金额重大。A 注册会计师决定不向该第三方函证期末存货的情况，直接对甲公司存放于第三方的存货实施监盘。

（4）针对甲公司 2022 年末暂估的原材料，A 注册会计师实施了监盘和对采购交易的截止测试，检查了入库验收单，抽查了期后收到的发票，结果满意，据此认为原材料暂估金额准确。

（5）A 注册会计师获取了甲公司依据存货有效期编制的存货跌价准备计算表，检查了存货品种、数量、单位成本、有效期的准确性和完整性，可变现净值计量的合理性，以及计算过程的准确性，结果满意，据此认可了管理层计提的存货跌价准备。

要求：

针对上述第（1）至（5）项，逐项指出 A 注册会计师的做法是否恰当。如不恰当，简要说明理由。

答案：

（1）不恰当。还应当测试存货管理系统启用前与存货相关的控制运行的有效性。

（2）不恰当。应考虑存货存放地点清单的完整性。

（3）恰当。

（4）恰当。

（5）不恰当。还应考虑存货监盘过程中对存货状况的检查。

2.（本小题 5 分。）ABC 会计师事务所的 A 注册会计师负责审计甲公司 2022 年度财务报表。与函证相关的部分事项如下：

（1）甲公司持有乙公司 40% 股权，2022 年通过与持有乙公司 20% 股权的丙公司签署一致行动协议，取得对乙公司的控制权。A 注册会计师向乙公司函证了其股东持股情况以及股东间的一致行动协议，回函结果满意。

（2）A 注册会计师在知悉多份回函被直接寄至甲公司后，要求甲公司不得拆封，并将其转至 ABC 会计师事务所。A 注册会计师收到了未拆封的函件，回函相符，据此认可了函证结果。

（3）在 A 注册会计师以邮寄方式向甲公司境外客户丁公司的财务部发出应收账款余额询证函后，收到丁公司业务部的电子邮件回函。A 注册会计师比对了回函邮箱地址后缀，并向丁公司业务部电话确认了回函信息，结果满意，据此认可了函证结果。

（4）A 注册会计师向戊公司函证了 2022 年度甲公司向戊公司的销售金额，回函相符。因在随后实施的收入截止测试中发现，甲公司将一笔应在 2023 年度确认的收入计入 2022 年度，A 注册会计师根据调整后的金额再次向戊公司函证，回函相符，据此认可了函证结果。

（5）A 注册会计师对甲公司应付己公司账款实施函证，因临近审计报告日未收到回函，通过电话向己公司确认了函证信息，要求己公司将回函直接寄回，并实施了替代审计程序，结果满意。审计报告日后，A注册会计师收到己公司确认无误的书面回函，将其归入审计工作底稿。

要求：

针对上述第（1）至（5）项，逐项指出A注册会计师的做法是否恰当。如不恰当，简要说明理由。

答案：

（1）不恰当。乙公司可能对股东间的一致行动协议不了解/被询证者可能不适当/应向丙公司函证一致行动协议。

（2）不恰当。未保持对回函过程的控制/存在舞弊风险迹象，需要采取应对措施。

（3）不恰当。回函来源存疑/应当向丁公司财务部核实回函信息。

（4）不恰当。被询证者的客观性存疑/可能存在串通舞弊风险/回函不可靠/被询证者不认真对待回函，应当评价其对评估的相关重大错报风险，以及其他审计程序的性质、时间安排和范围的影响。

（5）恰当。

3.（本小题5分。）ABC会计师事务所的A注册会计师负责审计甲公司2022年度财务报表。与会计估计审计相关的部分事项如下：

（1）A注册会计师将甲公司计提应收账款坏账准备识别为重大错报别风险。考虑到该风险不是特别风险且已经设计了足够的应对措施，A注册会计师未对上期应收账款坏账准备的计提实施追溯复核。

（2）A注册会计师分别对甲公司两项交易性金融资产的公允价值作出了区间估计，用以评价管理层的点估计，其中一项管理层的点估计低于注册会计师的区间估计最小值，另一项管理层的点估计高于注册会计师的区间估计最小值但低于最大值。上述两项点估计与各自区间估计最小值的差异抵销后的金额小于明显微小错报的临界值，A注册会计师据此认为甲公司管理层作出的点估计不存在重大错报。

（3）因预期甲公司管理层确定商誉减值准备的过程无效，A注册会计师决定使用管理层的方法和有别于管理层的假设和数据，在评价了这些方法、假设和数据后，作出了注册会计师的点估计，要求管理层根据注册会计师的点估计对财务报表作出调整。

（4）甲公司期末对涉诉事项计提了大额预计负债。因认为甲公司管理层采取的措施不足以应对预计负债金额的不确定性，A注册会计师作出了区间估计用于评价管理层的点估计，结果满意，并将甲公司管理层未充分应对估计不确定性作为内部控制缺陷，向甲公司管理层和治理层进行了通报。

（5）甲公司存在多项估计不确定性较高的重大会计估计，A注册会计师就管理层是否按照企业会计准则中的明确规定作出披露进行了评价，结果满意，据此认为甲公司与会计估计相关的披露不存在重大错报。

要求：

针对上述第（1）至（5）项，逐项指出A注册会计师的做法是否恰当。如不恰当，简要说明理由。

答案：
（1）不恰当。应当实施追溯复核程序。
（2）不恰当。应单独将管理层的点估计低于注册会计师的区间估计最小值的差异作为错报/包含在注册会计师的区间估计内的管理层的点估计不属于错报，不能与错报抵销。
（3）恰当。
（4）恰当。
（5）不恰当。还应评价除企业会计准则明确规定的披露外，管理层是否还需作出其他必要的披露。

4.（本小题5分。）ABC会计师事务所的A注册会计师负责审计甲集团2022年度财务报表。与集团审计相关的部分事项如下：

（1）子公司乙公司为重要组成部分，聘请XYZ会计师事务所为其财务报表执行审计并出具审计报告。A注册会计师认为XYZ会计师事务所的审计不是基于集团审计目的，因此未了解XYZ会计师事务所的独立性和专业胜任能力。

（2）丙公司为甲集团内专门从事金融衍生品交易的子公司。A注册会计师评估认为丙公司财务信息对集团财务报表不具有财务重大性，因此将其识别为不重要组成部分，并在集团层面实施了分析程序。

（3）对于具有财务重大性的子公司丁公司，A注册会计师基于其组成部分注册会计师实施风险评估程序的结果，评价了组成部分注册会计师针对丁公司特别风险实施的进一步审计程序的恰当性。

（4）在考虑了以前年度审计经验后，A注册会计师决定对合并过程直接实施实质性程序，包括评价所有组成部分是否均已包括在集团财务报表中，合并调整和重分类事项的适当性、完整性和准确性，以及是否存在舞弊风险因素或可能存在管理层偏向的迹象。

（5）A注册会计师决定对子公司戊公司实施特定程序，要求组成部分注册会计师针对在建工程进行实地检查。对于与戊公司相关的期后事项，A注册会计师未要求组成部分注册会计师实施审计程序，但应当向集团项目组告知其注意到的、可能需要在集团财务报表中调整或披露的事项。

要求：
针对上述第（1）至（5）项，逐项指出A注册会计师的做法是否恰当。如不恰当，简要说明理由。

答案：
（1）恰当。
（2）不恰当。应当考虑组成部分的性质或情况是否可能存在导致甲集团财务报表发生重大错报的特别风险，从而可能被识别为重要组成部分。
（3）不恰当。应当参与组成部分注册会计师实施的风险评估程序。
（4）不恰当。应当了解集团层面的控制和合并过程。
（5）恰当。

5.（本小题5分。）ABC会计师事务所的质量管理制度部分内容摘录如下：
（1）对于首次承接的高风险审计业务，应当经质量管理主管合伙人批准。对于高风险审计业务的保持，应当经由质量管理主管合伙人授权的风险管理部主管合伙人批准。

（2）为确保资源投入，事务所以业务团队的业务饱和度为主要依据，结合客户的行业特点和业务性质，以及事务所分所的地域分布，对业务进行统一分派。

（3）对于近三年内执业存在重大质量问题，但满足晋升合伙人其他条件的人员，晋升合伙人时间推迟一年。

（4）除非项目组认为不必要并经质量管理主管合伙人批准，在执行上市实体财务报表审计业务时，项目组应当与被审计单位治理层沟通事务所质量管理体系是如何为持续高质量地执行业务提供支撑的。

（5）针对需要实施项目质量复核的审计项目，项目质量复核人应当对项目的高质量承担总体责任，只有在项目质量复核完成后，项目合伙人才可签署审计报告。

要求：
针对上述第（1）至（5）项，逐项指出 ABC 会计师事务所的质量管理制度的内容是否违反《会计师事务所质量管理准则第 5101 号——业务质量管理》和《会计师事务所质量管理准则第 5102 号——项目质量复核》的相关规定。如违反，简要说明理由。

答案：
（1）不违反。
（2）违反。应以业务团队专业能力的匹配度为依据分派业务。
（3）违反。应评估该人员的执业质量已经得到全面提升，才能恢复其晋升机会。
（4）违反。在执行上市实体财务报表审计业务时，项目组均应与被审计单位治理层沟通事务所质量管理体系是如何为持续高质量地执行业务提供支撑的。
（5）违反。项目合伙人应当对项目的高质量承担总体责任。

6.（本小题 6 分。）上市公司甲公司是 ABC 会计师事务所的常年审计客户。XYZ 公司和 ABC 会计师事务所处于同一网络。审计项目组在甲公司 2022 年度财务报表审计中遇到下列事项：

（1）项目合伙人 A 注册会计师曾担任甲公司 2015 和 2016 年度财务报表审计项目质量复核合伙人，2017 年度项目合伙人，2018 和 2019 年度其他关键审计合伙人，之后轮换出甲公司审计项目组，未参与 2020 和 2021 年度甲公司财务报表审计。

（2）B 注册会计师曾担任甲公司 2017 至 2020 年度财务报表审计项目质量复核合伙人，未参与甲公司 2021 年度财务报表审计项目，其于 2021 年 3 月 31 日离职，2022 年 4 月 1 日起担任甲公司首席财务官。甲公司发布已审计 2021 年度财务报表的日期为 2022 年 4 月 5 日。

（3）2022 年 9 月，审计项目组就一复杂审计问题咨询了事务所技术部的 C 注册会计师。C 注册会计师的丈夫于 2022 年 10 月加入甲公司担任产品研发部经理，并获得甲公司期权 2 000 股，该期权两年后方可行权。

（4）乙银行是甲公司的重要联营企业。审计项目经理 D 注册会计师从乙银行按该银行正常程序、条款和条件获得住房按揭贷款 300 万元，该贷款对 D 注册会计师重要。

（5）2022 年 9 月，甲公司聘请 XYZ 公司为其提供海外代表处的设立服务，并将 200 万美元转入 XYZ 公司在当地的银行账户，其中 20 万美元为 XYZ 公司的服务费，其余为代表处的流动资金。XYZ 公司为代表处开立银行账户后，将 180 万美元转入代表处账户，并在服务期间代为管理该银行账户。

（6）2022年10月，丙公司被甲公司收购成为其不重要的子公司。XYZ公司自2020年起长期为丙公司提供递延所得税计算服务。丙公司不是ABC会计师事务所的审计客户。

要求：

针对上述第（1）至（6）项，逐项指出是否可能存在违反《中国注册会计师职业道德守则（2020）》有关独立性规定的情况（不考虑过渡期安排），并简要说明理由。将答案直接填入答题区相应的表格内。

事项序号	是否违反（违反/不违反）	理由
（1）		
（2）		
（3）		
（4）		
（5）		
（6）		

答案：

事项序号	是否违反（违反/不违反）	理由
（1）	违反	A注册会计师相继担任甲公司项目合伙人和项目质量复核合伙人累计达到三年，担任项目合伙人未达到三年，冷却期应为三年/2022年度尚在冷却期内/三年冷却期未结束。
（2）	违反	B注册会计师属于关键审计合伙人，其在2021年度已审计财务报表发布前就已担任甲公司高级管理人员/特定员工，因自身利益、密切关系或外在压力对独立性产生严重不利影响。
（3）	违反	C注册会计师是审计项目团队成员，其丈夫不应以任何形式/通过员工股票期权计划拥有甲公司的直接经济利益，否则将因自身利益对独立性产生严重不利影响。
（4）	不违反	审计项目组成员按照正常的程序、条款和条件从银行类审计客户或其关联实体取得贷款，不对独立性产生不利影响。
（5）	违反	提供的非审计服务包括管理审计客户银行账户，属于承担审计客户的管理层职责，因自身利益、自我评价、密切关系、过度推介对独立性产生非常严重的不利影响。
（6）	不违反	为丙公司计算的递延所得税对甲公司财务报表而言不重要，且提供服务的不是甲公司审计项目团队成员，因自我评价对独立性产生的不利影响可以降低至可接受水平。

四、综合题（本题共19分。）

上市公司甲公司是ABC会计师事务所的常年审计客户，主要从事电子元器件的生产和销售。A注册会计师负责审计甲公司2022年度财务报表，确定财务报表整体的重要性为1 000万元。

资料一：

A注册会计师在审计工作底稿中记录了所了解的甲公司及其环境等方面的情况，部分内容摘录如下：

（1）受竞争对手推出新产品的影响，2022年上半年，甲公司a产品销量仅为2021年销量的30%。为夺回市场份额，2022年7月，甲公司对a产品的售价进行了自该产品上市以来的首次调整，由1元降至0.5元，同时加大了替代品的研发投入。

（2）2022年2月，甲公司生产b产品的车间因污水排放问题被责令停产改造，加装环保设备。为保持产品销量稳定，甲公司以与自产成本相当的价格委托代工厂生产b产品，至2022年12月车间改造完毕后恢复自产。

（3）2022年，甲公司新增向乙国销售产品的业务，为快速占领市场，甲公司与该国的经销商客户签订合同约定，按销售价格的5%支付市场推广费。

（4）2022年，甲公司因研制多款新型产品，研发投入比上年增长50%，均费用化计入当期损益。研发过程中产出的试制品销售良好，毛利率达60%，销售额占研发费用的20%，一定程度上缓解了研发投入的资金压力。

（5）2022年1月，甲公司实施一项股票期权激励计划，激励对象为公司管理人员。因2022年度第一个行权期的行权条件已经满足，激励对象于2023年2月行权取得甲公司股票300万股，行权价格5元，行权时甲公司股价为15元。

资料二：

A注册会计师在审计工作底稿中记录了甲公司的财务数据，部分内容摘录如下：

金额单位：万元

项目	未审数 2022年	已审数 2021年
营业收入——a产品	27 000	50 000
营业成本——a产品	23 400	30 000
营业收入——b产品	39 000	40 000
营业成本——b产品	18 500	20 000
营业收入——外销（乙国）	30 000	0
销售费用——市场推广费（乙国）	1 600	0
研发费用	9 600	8 000
存货——a产品	10 000	15 000
存货——a产品存货跌价准备	500	0
存货——b产品	400	500
固定资产——累计折旧（b产品生产车间）	3 200	2 000
资本公积	20 000	20 000

资料三：

A注册会计师在审计工作底稿中记录了审计计划，部分内容摘录如下：

（1）A注册会计师在审计计划中确定了解甲公司及其环境的范围包括：1）组织结构、所有权和治理结构；2）行业形势、法律环境、监管环境和其他外部因素；3）财务业绩的衡量标准。

（2）甲公司交易性金融资产年末余额 900 万元为 2022 年末购买的上市公司股票，A 注册会计师经过了解后，未将交易性金融资产识别为存在重大错报风险的账户余额，不打算信赖控制，拟不进一步了解与之相关的业务流程层面的控制，直接实施实质性程序。

（3）因甲公司与采购付款相关的内部控制于 2021 年年末前已整改并运行了足够长的时间，A 注册会计师认为已在上年审计中获取了整改后控制运行有效的审计证据，拟根据上年审计中所了解到的整改后的情况，选取关键控制实施控制测试。

（4）A 注册会计师评估认为，甲公司存在运输费用低估的重大错报风险，拟将 2022 年度及期后所有运输单据作为总体，采用货币单元抽样实施细节测试。

资料四：

A 注册会计师在审计工作底稿中记录了实施进一步审计程序的情况，部分内容摘录如下：

（1）甲公司单笔 5 万元以上的市场推广费需经分管副总经理审批，A 注册会计师从所有经分管副总经理审批的市场推广费中，选取 45 个样本项目对该审批控制实施测试，未发现偏差，结果满意。

（2）针对管理层凌驾于控制之上的风险，A 注册会计师实施的审计程序包括：对甲公司 2022 年度所有会计分录实施了会计分录测试，复核了会计估计是否存在偏向，并评价了甲公司 2022 年度所有重大交易的商业理由，未发现存在舞弊的情况。

（3）A 注册会计师在审计甲公司商誉时，利用了评估师的工作，并实施审计程序，评价了评估师的胜任能力、专业素质和客观性，了解了评估师的专长领域，与评估师就相关重要事项达成一致意见，并评价了评估师的工作是否足以实现审计目的，结果满意。

资料五：

A 注册会计师在审计工作底稿中记录了错报评估及重大事项的处理情况，部分内容摘录如下：

（1）A 注册会计师发现的一笔错报 80 万元系费用审批执行不当所致，要求管理层更正了该错报，并对整改后的内部控制运行情况实施了控制测试，结果满意，据此认可了更正后的费用金额。

（2）A 注册会计师发现甲公司 2022 年度广告费中有 200 万元系 2021 年度的费用，该事项对 2021 年度财务报表无重大影响，在提请管理层对对应数据进行了适当重述和恰当披露后，未对 2021 年度财务报表重新出具审计报告。

（3）2023 年 1 月，甲公司因产品质量问题被客户起诉，很可能需要赔偿损失，2022 年已完成生产尚未执行完毕的合同也将终止。甲公司因此在 2023 年 1 月的财务报表中计提了大额的存货跌价准备和预计负债，并在 2022 年度财务报表附注中充分披露了这一情况。A 注册会计师在审计报告中增加了强调事项段，提醒财务报表使用者关注这一事项。

（4）A 注册会计师怀疑甲公司 2022 年度大额工程支出可能是控股股东资金占用，实施了追加审计程序，并多次与管理层和治理层沟通，因施工方不配合提供资金流水，最终未能证实资金占用的情况。A 注册会计师将该事项作为关键审计事项，在审计报告中说明了将该事项确定为关键审计事项的原因，以及该事项在审计中是如何应对的。

要求：

（1）针对资料一第（1）至（5）项，结合资料二，假定不考虑其他条件，逐项指出资料一所列事项是否可能表明存在重大错报风险。如果认为可能表明存在重大错报风险，简要说明理由，并说明该风险主要与哪些财务报表项目的哪些认定相关（不考虑税务影响）。将答案直接填入答题区的相应表格内。

事项序号	是否可能表明存在重大错报风险（是/否）	理由	财务报表项目名称及认定
（1）			
（2）			
（3）			
（4）			
（5）			

（2）针对资料三第（1）至（4）项，假定不考虑其他条件，逐项指出A注册会计师的做法是否恰当。如不恰当，简要说明理由。将答案直接填入答题区的相应表格内。

事项序号	是否恰当（是/否）	理由
（1）		
（2）		
（3）		
（4）		

（3）针对资料四第（1）至（3）项，假定不考虑其他条件，逐项指出A注册会计师的做法是否恰当。如不恰当，简要说明理由。将答案直接填入答题区的相应表格内。

事项序号	是否恰当（是/否）	理由
（1）		
（2）		
（3）		

（4）针对资料五第（1）至（4）项，假定不考虑其他条件，逐项指出A注册会计师的做法是否恰当。如不恰当，简要说明理由。将答案直接填入答题区的相应表格内。

事项序号	是否恰当（是/否）	理由
（1）		
（2）		
（3）		
（4）		

答案：

(1)

事项序号	是否可能表明存在重大错报风险（是/否）	理由	财务报表项目名称及认定
（1）	是	a产品降价销售，导致成本高于售价/毛利率为负数，可能存在少计存货跌价准备的风险	资产减值损失（准确性） 存货（准确性、计价和分摊）
（2）	是	车间停产继续计提的折旧应当计入营业成本，但2022年度b产品毛利率与上年持平，可能存在少计营业成本的风险	营业成本（分类/准确性） 管理费用（分类/准确性）
（3）	是	支付给客户的市场推广费很可能是应付客户对价/应当冲减营业收入，可能存在多计收入和销售费用的风险	营业收入（分类/准确性） 销售费用（分类/准确性）
（4）	是	研发过程产出的试制品的销售应当计入营业收入，并相应结转营业成本，可能存在少计营业收入、营业成本和研发费用的风险	营业收入（分类/完整性） 营业成本（分类/完整性） 研发费用（分类/准确性）
（5）	是	甲公司应在2022年/等待期内确认相关的股份支付费用，但甲公司资本公积较2021年没有变化，可能存在少计费用和资本公积的风险	管理费用（完整性） 资本公积（完整性）

(2)

事项序号	是否恰当（是/否）	理由
（1）	否	还应当了解甲公司的业务模式。
（2）	是	
（3）	否	应当了解并评价相关控制/了解相关控制自上年审计后是否已发生变化。
（4）	否	货币单元抽样不适用于测试总体的低估。

(3)

事项序号	是否恰当（是/否）	理由
（1）	否	应当将所有5万元以上的市场推广费作为测试总体。
（2）	否	还应当测试其他调整。
（3）	是	

(4)

事项序号	是否恰当（是/否）	理由
（1）	否	内部控制失效导致的错报可能表明还存在其他错报/错报不是孤立发生的。

续表

事项序号	是否恰当（是/否）	理由
（2）	是	
（3）	否	该事项是资产负债表日后调整事项，应当要求管理层更正错报/发表非无保留意见或保留意见的审计报告。
（4）	否	审计范围受到限制的事项/没有得到满意解决的事项，不应在关键审计事项中沟通。

2022 年注册会计师全国统一考试

《审计》试题及答案

一、单项选择题（本题型共 20 小题，每小题 1 分，共 20 分。每小题只有一个正确答案，请从每小题的备选答案中选出一个你认为正确的答案，用鼠标点击相应的选项。）

1. 下列有关审计报告和财务报表预期使用者的说法中，错误的是（　　）。
   A. 注册会计师可能无法识别所有的预期使用者
   B. 预期使用者可能是组织，也可能是个人
   C. 审计报告的收件人通常为预期使用者
   D. 对于上市公司而言，预期使用者是指上市公司的全体股东
   答案：D

2. 下列有关重大错报风险的说法中，错误的是（　　）。
   A. 重大错报风险与被审计单位的风险相关
   B. 重大错报风险受财务报表审计影响
   C. 财务报表层次和认定层次都可能存在重大错报风险
   D. 重大错报风险是由于舞弊或错误导致的风险
   答案：B

3. 下列各项中，属于具体审计计划的是（　　）。
   A. 签订审计业务约定书
   B. 确定重要性水平
   C. 确定风险评估程序的性质、时间安排和范围
   D. 确定审计资源的规划与调配
   答案：C

4. 下列各项中，注册会计师需要运用实际执行的重要性的是（　　）。
   A. 确定多大金额的错报可能影响财务报表使用者基于财务报表作出的经济决策
   B. 确定明显微小错报临界值
   C. 在运用审计抽样时确定可容忍错报
   D. 评价未更正错报对审计意见的影响
   答案：C

5. 下列有关注册会计师为确定财务报表整体的重要性而选择基准的说法中，错误的

是（　　）。
   A. 注册会计师选择的基准在各年度中通常会保持稳定
   B. 在选择基准时，注册会计师无需考虑是否存在特定会计主体的财务报表使用者特别关注的项目
   C. 注册会计师可以根据经济形势和行业状况的变化对采用的基准作出调整
   D. 在选择基准时，注册会计师需要考虑基准的相对波动性

   答案：B

6. 下列有关审计证据适当性的说法中，错误的是（　　）。
   A. 审计证据的适当性是对审计证据质量的衡量
   B. 审计证据适当性的核心内容是相关性和可靠性
   C. 获取更多的审计证据无法弥补审计证据适当性的缺陷
   D. 审计证据的适当性可以弥补充分性的不足

   答案：D

7. 在设计询证函时，注册会计师应当考虑可能影响函证可靠性的因素。下列各项中，通常不会影响函证可靠性的是（　　）。
   A. 选取函证样本的方法
   B. 函证的方式
   C. 拟函证信息的性质
   D. 被询证者易于回函的信息类型

   答案：A

8. 下列有关注册会计师实施分析程序的目的的说法中，错误的是（　　）。
   A. 用作风险评估程序
   B. 用作控制测试程序
   C. 用作实质性程序
   D. 用作临近审计结束时对财务报表进行总体复核

   答案：B

9. 下列有关抽样风险的说法中，错误的是（　　）。
   A. 审计程序设计不当导致的风险属于抽样风险
   B. 抽样风险是指注册会计师根据样本得出的结论，不同于对整个总体实施与样本相同的审计程序得出的结论的可能性
   C. 相较于影响审计效率的抽样风险，注册会计师更应关注影响审计效果的抽样风险
   D. 抽样风险与样本规模是反向变动关系

   答案：A

10. 下列有关货币单元抽样的优点的说法中，错误的是（　　）。
    A. 货币单元抽样以属性抽样原理为基础，通常比传统变量抽样更易于使用
    B. 货币单元抽样无须通过分层减少总体的变异性
    C. 货币单元抽样的样本更容易设计，且可在能够获得完整的最终总体之前开始选

取样本

D. 货币单元抽样的样本规模小于传统变量抽样所需的规模

答案：D

11. 下列各项中，通常不属于被审计单位控制环境要素的是（　　）。

   A. 管理层对胜任能力的重视

   B. 管理层如何识别和评估与财务报告相关的经营风险

   C. 管理层的理念和经营风格

   D. 被审计单位的人力资源政策与实务

   答案：B

12. 下列各项措施中，通常无法增加审计程序不可预见性的是（　　）。

   A. 调整实施审计程序的时间

   B. 采取不同的审计抽样方法

   C. 指派更有经验的项目质量复核人员

   D. 选取不同的地点实施审计程序

   答案：C

13. 下列有关注册会计师拟实施进一步审计程序的总体审计方案的说法中，错误的是（　　）。

   A. 注册会计师出于成本效益的考虑通常可以采用综合性方案设计进一步审计程序

   B. 如仅通过实质性程序无法应对重大错报风险，注册会计师应当采用综合性方案设计进一步审计程序

   C. 如注册会计师的风险评估程序未能识别出与认定相关的任何控制，注册会计师可能认为采用实质性方案设计进一步审计程序是适当的

   D. 当评估的财务报表层次重大错报风险属于高风险水平，注册会计师拟实施进一步审计程序的总体方案往往更倾向于综合性方案

   答案：D

14. 下列各项中，注册会计师应当以书面形式与治理层沟通的是（　　）。

   A. 注册会计师与财务报表审计相关的责任

   B. 注册会计师识别出的特别风险

   C. 注册会计师识别出的值得关注的内部控制缺陷

   D. 注册会计师计划的审计范围和时间安排

   答案：C

15. 注册会计师在对专家工作使用的重要原始数据进行评价时，下列各项中，无需评价的是（　　）。

   A. 原始数据的相关性

   B. 原始数据的完整性

   C. 原始数据的准确性

   D. 原始数据的可理解性

   答案：D

16. 下列各项中，集团项目组不能通过对组成部分财务信息实施追加审计程序消除其不利影响的是（　　）。
    A. 组成部分注册会计师不符合与集团审计相关的独立性要求
    B. 对组成部分注册会计师的专业胜任能力存在并非重大的疑虑
    C. 组成部分注册会计师未处于积极有效的监管环境中
    D. 组成部分注册会计师的工作不充分
    答案：A

17. 对于集团财务报表审计，下列有关组成部分重要性的说法中，正确的是（　　）。
    A. 组成部分重要性应当不超过集团财务报表整体的重要性
    B. 不同组成部分的组成部分重要性可以相同
    C. 集团项目组应当评价组成部分注册会计师确定的组成部分重要性是否适当
    D. 集团项目组应当为所有重要组成部分确定组成部分重要性
    答案：B

18. 下列有关会计估计的说法中，错误的是（　　）。
    A. 会计估计一般包括存在估计不确定性时以公允价值计量的金额，以及其他需要估计的金额
    B. 作出会计估计的难易程度取决于估计对象的金额或性质
    C. 会计估计的结果与财务报表中原来已确认或披露的金额存在差异，并不必然表明财务报表存在错报
    D. 会计估计的准确程度取决于管理层对不确定的交易或事项的结果作出的主观判断
    答案：B

19. 下列有关注册会计师评价管理层对被审计单位持续经营能力作出的评估的说法中，错误的是（　　）。
    A. 注册会计师的评价期间应当与管理层按照适用的财务报告编制基础或法律法规的规定作出评估的涵盖期间相同
    B. 如果管理层评估持续经营能力涵盖的期间短于自财务报表日起的十二个月，注册会计师应当提请管理层将其至少延长至财务报表日起的十二个月
    C. 如果管理层缺乏详细分析以支持其评估，注册会计师应当纠正管理层缺乏分析的错误
    D. 注册会计师应当考虑管理层作出的评估是否已考虑所有相关信息，包括注册会计师实施审计程序获取的信息
    答案：C

20. 在审计报告日后至财务报表报出日前，如果注册会计师知悉了若在审计报告日知悉可能导致修改审计报告的事项，下列有关注册会计师采取的措施的说法中，错误的是（　　）。
    A. 如果管理层修改了财务报表，注册会计师应当根据具体情况对有关修改实施必要的审计程序

B. 如果认为管理层应当修改财务报表而没有修改，并且审计报告尚未提交给被审计单位，注册会计师应当修改审计意见类型，然后再提交审计报告

C. 如果认为管理层应当修改财务报表而没有修改，并且审计报告已经提交给被审计单位，注册会计师应当通知管理层和治理层在财务报表作出必要修改前不要向第三方报出

D. 如果审计报告已经提交给被审计单位，且管理层在财务报表未经必要修改的情况下仍将其报出，注册会计师应当采取适当措施，以设法防止使用者信赖该审计报告

答案：B

二、多项选择题（本题型共 15 小题，每小题 2 分，共 30 分。每小题均有多个正确答案，请从每小题的备选答案中选出你认为正确的答案，用鼠标点击相应的选项。每小题所有答案选择正确的得分，不答、错答、漏答均不得分。）

1. 下列各项因素中，影响注册会计师需要获取审计证据的数量的有（　　）。
   A. 评估的重大错报风险
   B. 获取的审计证据与审计目的的相关程度
   C. 审计证据的来源
   D. 获取审计证据的具体环境
   答案：ABCD

2. 注册会计师需要对职业判断作出适当的书面记录，下列各项中，对其进行书面记录有利于提高职业判断的可辩护性的有（　　）。
   A. 注册会计师对职业判断问题和目标的描述
   B. 注册会计师解决职业判断相关问题的思路
   C. 注册会计师收集到的相关信息
   D. 注册会计师就决策结论与被审计单位进行沟通的方式和时间
   答案：ABCD

3. 下列各项中，属于注册会计师应当开展的初步业务活动的有（　　）。
   A. 针对保持审计业务实施质量管理程序
   B. 评价管理层是否存在诚信问题
   C. 评价注册会计师是否具备执行业务所需要的专业胜任能力
   D. 评价注册会计师是否具备执行业务所需要的独立性
   答案：ABCD

4. 下列有关注册会计师对函证的全过程保持控制的说法中，正确的有（　　）。
   A. 询证函经被审计单位盖章后，应当由注册会计师直接发出
   B. 在询证函发出前，注册会计师需要恰当地设计询证函，并对询证函上的各项资料进行充分核对
   C. 注册会计师采取跟函方式发送并收回询证函时，需要在整个过程中保持对询证函的控制，对被审计单位和被询证者之间串通舞弊的风险保持警觉

D. 注册会计师需要在询证函中填列回函地址，要求被询证者直接向注册会计师回函

答案：ABCD

5. 下列各项中，属于审计抽样的基本特征的有（   ）。
   A. 对具有审计相关性的总体中低于百分之百的项目实施审计程序
   B. 所有抽样单元都有被选取的机会
   C. 可以根据样本项目的测试结果推断出有关总体的结论
   D. 可以运用概率论计量抽样风险

   答案：ABC

6. 下列有关注册会计师在实施控制测试时使用非统计抽样方法确定总体是否可以接受的说法中，正确的有（   ）。
   A. 如果总体偏差率高于可容忍偏差率，则总体不可接受
   B. 如果总体偏差率大大低于可容忍偏差率，注册会计师通常认为总体可以接受
   C. 如果总体偏差率低于可容忍偏差率，但差额不是很大也不是很小，注册会计师通常认为总体可以接受
   D. 如果总体偏差率低于可容忍偏差率，但两者非常接近，注册会计师应当扩大样本规模或实施其他测试，以进一步收集证据

   答案：AB

7. 下列各项因素中，可能导致财务报表层次重大错报风险的有（   ）。
   A. 被审计单位管理层承受异常压力
   B. 被审计单位融资能力受限导致持续经营能力存在重大疑虑
   C. 被审计单位存在具有高度估计不确定性的会计估计
   D. 被审计单位信息技术一般控制薄弱

   答案：ABD

8. 下列各项中，注册会计师实施控制测试的范围通常与之同向变动的有（   ）。
   A. 注册会计师拟信赖控制运行有效性的时间长度
   B. 控制的预期偏差
   C. 通过测试与认定相关的其他控制获取的审计证据的充分性和适当性
   D. 拟获取的控制运行有效性的审计证据的相关性和可靠性

   答案：AB

9. 下列有关舞弊风险因素的说法中，正确的有（   ）。
   A. 存在舞弊风险因素并不必然表明发生了舞弊
   B. 舞弊风险因素包括实施舞弊的动机或压力、实施舞弊的机会和为舞弊寻找借口的能力
   C. 舞弊风险因素在编制虚假财务报告和侵占资产两类舞弊行为中有相同的体现
   D. 对于不同规模、不同所有权特征或情况的被审计单位而言，舞弊风险因素在评估重大错报风险时的重要程度可能不同

   答案：ABD

10. 下列各项中，属于注册会计师应当与被审计单位治理层沟通审计中发现的重大问题的有（　　）。

   A. 审计工作中遇到的重大困难

   B. 注册会计师已与管理层书面沟通的重大事项

   C. 注册会计师对被审计单位会计实务重大方面的质量的看法

   D. 影响审计报告形式和内容的情形

   答案：ABCD

11. 下列人员中，属于注册会计师的专家的有（　　）。

   A. 审计项目组就疑难会计问题进行咨询的会计专家

   B. 参与境外组成部分审计工作的境外网络所的精算专家

   C. 就复杂的法律问题为审计项目组提供专业意见的律师事务所合伙人

   D. 向被审计单位提供用于财务报表编制目的的评估服务的资产评估师

   答案：BC

12. 下列各项中，注册会计师应当与注册会计师的专家达成一致意见的有（　　）。

   A. 专家工作的性质、范围和目标

   B. 注册会计师和专家各自的角色与责任

   C. 对专家遵守保密规定的要求

   D. 对专家遵守会计师事务所的质量管理体系的要求

   答案：ABC

13. 对于集团财务报表审计，下列事项中，集团项目组应当要求组成部分注册会计师与其沟通的有（　　）。

   A. 组成部分注册会计师的总体发现、得出的结论和形成的意见

   B. 表明可能存在管理层偏向的迹象

   C. 识别出的组成部分层面值得关注的内部控制缺陷

   D. 组成部分注册会计师是否已遵守与集团审计相关的职业道德要求

   答案：ABCD

14. 下列各项会计估计中，通常表明存在高度估计不确定性的有（　　）。

   A. 高度依赖判断的会计估计

   B. 采用未经认可的计量技术计算的会计估计

   C. 依据可观察到的输入数据作出的会计估计

   D. 对假设变化不敏感的会计估计

   答案：AB

15. 下列有关注册会计师与治理层沟通未更正错报的做法中，正确的有（　　）。

   A. 对单项重大的未更正错报，注册会计师逐笔进行了沟通

   B. 对存在的大量单项不重大的未更正错报，注册会计师就未更正错报的笔数和总金额的影响进行了沟通

   C. 注册会计师与治理层沟通了与以前期间相关的未更正错报的影响

D. 注册会计师与治理层沟通了未更正错报单独或汇总起来可能对审计意见产生的影响

答案：ABCD

三、简答题（本题型共 6 小题 31 分。）

1. （本小题 5 分。）ABC 会计师事务所的 A 注册会计师负责审计甲公司 2021 年度财务报表。与货币资金审计相关的部分事项如下：

（1）A 注册会计师在测试甲公司与银行账户开立、变更和注销相关的内部控制时，获取了出纳编制的 2021 年度银行账户开立、变更和注销清单，从中选取样本进行测试，结果满意，据此认为该控制运行有效。

（2）A 注册会计师在向某银行乙分行函证前，从甲公司获悉，受疫情影响，乙分行无法接收函证，由该银行丙分行代为接收和处理函证。A 注册会计师因此根据该银行官网公布的丙分行地址，向丙分行进行函证，回函相符，据此认可了函证结果。

（3）甲公司银行余额调节表中存在一笔大额的企付银未付款项。A 注册会计师检查了该笔付款入账的原始凭证，结果满意，据此认可了该调节事项。

（4）A 注册会计师评估认为甲公司存在隐瞒关联方资金占用的风险。在了解了甲公司与关联方资金占用相关的内部控制后，A 注册会计师认为内部控制设计有效并得到执行，因此该风险不构成特别风险。

（5）为核实甲公司是否存在未被记录的借款及与金融机构往来的其他重要信息，A 注册会计师亲自前往金融机构获取了加盖该金融机构公章的甲公司信用记录，并与甲公司会计记录、银行回函信息核对，结果满意。

要求：

针对上述第（1）至（5）项，逐项指出 A 注册会计师的做法是否恰当。如不恰当，简要说明理由。

答案：

（1）不恰当。应检查清单/总体的完整性。

（2）不恰当。应核实被询证者的适当性/授权安排。

（3）不恰当。还应检查该笔付款是否已在期后银行对账单上得以反映。

（4）不恰当。在判断特别风险时，不应考虑识别出的控制对相关风险的抵销效果。

（5）恰当。

2. （本小题 5 分。）ABC 会计师事务所的 A 注册会计师负责审计甲公司 2021 年度财务报表。与审计工作底稿相关的部分事项如下：

（1）因在测试材料采购相关控制时发现控制未得到有效执行，A 注册会计师将材料采购的审计由综合性方案改为实质性方案，并重新编制审计计划工作底稿，删除了被取代的原审计计划的工作底稿。

（2）A 注册会计师在对甲公司的原材料采购业务选取采购订单实施细节测试时，以单笔订单作为抽样单元，将供应商名称作为测试订单的识别特征记录于审计工作底稿中。

（3）A 注册会计师在审计工作底稿归档期间，对审计工作底稿进行交叉索引，并对审计档案归档工作的完成核对表签字认可。

（4）A 注册会计师在审计工作底稿归档期间收到一份应付账款询证函回函，回函结果与审计报告日前对该项目实施替代程序得出的审计结论一致。A 注册会计师将该回函归入审计工作底稿中，并删除了记录替代程序的审计工作底稿。

（5）A 注册会计师根据所内质量检查的要求，在归档后的审计工作底稿中补充记录了审计报告日前项目组讨论的情况。对该事务性变动，A 注册会计师将修改审计工作底稿的理由，以及修改的时间和人员记录于档案变动登记表后，归还了审计档案。

要求：

针对上述第（1）至（5）项，逐项指出 A 注册会计师的做法是否恰当。如不恰当，简要说明理由。

答案：

（1）不恰当。应当在审计工作底稿中记录对审计计划作出的重大修改及其理由。

（2）不恰当。对订单而言，供应商名称不具有唯一性，不适合作为识别特征。

（3）恰当。

（4）不恰当。替代程序是审计报告日前应完成的必要审计程序，相关审计工作底稿不能删除。

（5）不恰当。还应当记录复核的时间和人员。

3.（本小题 5 分。）ABC 会计师事务所的 A 注册会计师负责审计上市公司甲公司 2021 年度财务报表和 2021 年末财务报告内部控制，采用整合审计方法执行审计。与内部控制审计相关的部分事项摘录如下：

（1）因甲公司与成本核算相关的内部控制自 2021 年 1 月 1 日起发生了重大变化，A 注册会计师获取了甲公司更新后的内部控制手册，直接从中选取与成本核算相关的关键控制，测试了其运行有效性。

（2）A 注册会计师采用审计抽样随机选取 25 个样本项目，对每日发生多次的原材料采购验收控制进行测试，发现 1 个样本项目存在偏差。经调查，该偏差不属于系统性偏差，也非人为有意造成，A 注册会计师另外选取 1 个样本项目进行了测试，结果满意，据此认为该控制运行有效。

（3）A 注册会计师测试了截至 2021 年 11 月 30 日甲公司与计提借款利息相关的关键控制，结果满意。A 注册会计师在期末审计时询问了相关会计人员，了解到该控制在剩余期间得到一贯执行，且无异常，考虑到甲公司控制环境良好，且该控制不复杂，执行时不需要作出重大判断，未再实施其他前推程序，据此认为该控制在 2021 年末仍然运行有效。

（4）甲公司财务经理每月将仓储部门编制的产成品收发存明细表中的产成品出库记录与当月确认收入对应的产品信息进行核对，记录核对情况，调查识别出的任何不符事项，并记录差异调查和解决的过程及结果。A 注册会计师选取 3 个月的样本项目，核对了产成品收发存明细表中的出库记录与当月确认收入对应的产品信息，结果相符，据此认为该项控制运行有效。

（5）应甲公司管理层的要求，A 注册会计师向其提供了内部控制审计的部分工作底稿,作为管理层对甲公司内部控制进行自我评价的基础。

要求:

针对上述第(1)至(5)项,逐项指出A注册会计师的做法是否恰当。如不恰当,简要说明理由。

答案:

(1)不恰当。A注册会计师在选取关键控制进行测试前,应当评价相关控制设计的有效性,确定相关控制是否得到执行/执行穿行测试。

(2)不恰当。应当扩大样本规模进行测试。

(3)恰当。

(4)不恰当。应检查证明控制得到执行的证据/执行人审核时留下的记号或标记/针对偏差报告的书面说明等。

(5)不恰当。管理层在对内部控制进行评价时,不能利用注册会计师在内部控制审计中执行的工作/可能涉及承担管理层职责,因此不应提供。

4.(本小题5分。)ABC会计师事务所的A注册会计师负责审计多家上市公司2021年度财务报表,遇到下列与审计报告相关的事项:

(1)A注册会计师认为甲公司的商誉减值事项存在特别风险,经审计未发现重大错报。在将商誉减值事项作为审计中最为重要的事项与甲公司治理层进行了沟通后,A注册会计师将该事项作为审计报告中的关键审计事项,在审计应对部分说明了实施的审计程序和结果,并对商誉减值准备的计提是否符合企业会计准则发表了意见。

(2)2021年,乙公司一项大额应收款项的债务人申请破产清算。乙公司管理层认为损失金额无法可靠计量,未对该应收款项计提减值准备。A注册会计师与破产管理人沟通后认为该应收款项存在重大减值损失,因最终清偿金额难以准确估计,以审计范围受限为由对乙公司2021年度财务报表发表了保留意见。

(3)因丙公司出现债务逾期,管理层在财务报表中披露了导致对持续经营能力产生重大疑虑的事项、未来的应对计划,以及这些事项存在重大不确定性。A注册会计师评价认为丙公司运用持续经营假设适当,且财务报表中的披露充分、恰当,因该披露事项对财务报表使用者理解财务报表至关重要,在审计报告中增加强调事项段说明了该事项。

(4)2022年初,丁公司管理层发生变动,新任管理层拒绝更正A注册会计师识别出的一项重大错报,也未就2021年度财务报表提供书面声明。A注册会计师以管理层未提供书面声明为由,对丁公司财务报表发表了无法表示意见,考虑到该未更正错报重大但不具有广泛性,不是导致发表无法表示意见的事项,未在审计报告中提及该错报。

(5)由于戊公司存在与持续经营相关的多个不确定事项,A注册会计师对戊公司2021年度财务报表发表了无法表示意见,并在其他信息部分指出,其他信息中的金额和其他项目因导致对财务报表发表无法表示意见的事项可能存在重大错报。

要求:

针对上述第(1)至(5)项,逐项指出A注册会计师的做法是否恰当。如不恰当,简要说明理由。

答案：
（1）不恰当。不应在关键审计事项中对财务报表单一要素发表意见。
（2）不恰当。未计提减值准备属于作出不恰当的会计估计，财务报表存在重大错报，应当以存在重大错报为由发表保留意见。
（3）不恰当。应当在审计报告中增加与持续经营相关的重大不确定性部分。
（4）不恰当。仍应在形成无法表示意见的基础部分说明识别出的重大错报及其影响/导致发表非无保留意见的其他事项及其影响。
（5）不恰当。无法表示意见的审计报告不应包括其他信息部分。

5. （本小题5分。）ABC会计师事务所的质量管理制度部分内容摘录如下：
（1）职业道德主管合伙人、监控与整改合伙人对质量管理体系特定方面的运行承担责任，并定期与质量管理主管合伙人沟通，由质量管理主管合伙人统一向首席合伙人进行报告。
（2）项目合伙人在执行上市实体财务报表审计业务时，应当与被审计单位管理层或治理层沟通质量管理体系是如何为持续高质量地执行业务提供支撑的。
（3）事务所定期对每个项目合伙人选取一项已完成的项目进行业务质量检查。对于承接上市实体审计业务的项目合伙人，检查周期为两年；对于其他项目合伙人，检查周期为四年。
（4）审计分部主管合伙人在本分部范围内统一分派项目质量复核人员。审计分部主管合伙人担任项目合伙人的项目，由质量管理主管合伙人负责分派项目质量复核人员。
（5）在特殊情形下，如具有适当胜任能力和权威性的人员不足，经质量管理主管合伙人和业务主管合伙人批准，项目之间可以在同一年度内交叉实施项目质量复核。该安排应当每年重新评估和批准。

要求：
针对上述第（1）至（5）项，逐项指出ABC会计师事务所的质量管理制度的内容是否违反《会计师事务所质量管理准则第5101号——业务质量管理》和《会计师事务所质量管理准则第5102号——项目质量复核》的相关规定。如违反，简要说明理由。

答案：
（1）违反。事务所应确保对质量管理体系特定方面的运行承担责任的人员，能够直接与对质量管理体系承担最终责任的人员/主要负责人/首席合伙人沟通。
（2）违反。应当与治理层沟通/不能只与管理层沟通。
（3）不违反。
（4）违反。应在全所范围内统一委派项目质量复核人员。
（5）不违反。

6. （本小题6分。）上市公司甲公司是ABC会计师事务所的常年审计客户。XYZ公司和ABC会计师事务所处于同一网络。审计项目组在甲公司2021年度财务报表审计中遇到下列事项：
（1）项目合伙人A注册会计师曾担任甲公司2013年度至2015年度财务报表审计其他关键审计合伙人，以及2016年度和2017年度项目合伙人，之后轮换出甲公司审计项目组，未参与2018年度至2020年度甲公司财务报表审计。

（2）审计项目组成员B将其股票账户借给弟弟使用，在期中审计期间知悉弟弟通过该账户购买了甲公司股票5 000股后，督促弟弟立即处置了这些股票。

（3）审计项目组成员C于2021年8月加入ABC会计师事务所，其父亲曾担任甲公司一子公司的董事，于2021年2月离任。

（4）甲公司聘请乙公司为其提供合并财务报表系统的优化升级服务。乙公司不是ABC会计师事务所的审计客户。根据乙公司和ABC会计师事务所的合作协议，双方共享同一经营战略和客户资源。

（5）丙公司是甲公司不重要的子公司。2021年9月至12月，丙公司会计主管休产假。应丙公司要求，XYZ公司的D高级经理临时借调至丙公司负责该会计主管的相关工作。D不是甲公司审计项目团队成员。

（6）2021年，XYZ公司的两位经理受邀参加了甲公司为其客户举办的四场线上沙龙，对税务热点进行分享，并根据会议安排为部分与会客户提供了税务咨询服务。这些客户均不是ABC会计师事务所的审计客户。

要求：

针对上述第（1）至（6）项，逐项指出是否可能存在违反中国注册会计师职业道德守则（2020年修订）有关独立性规定的情况（不考虑过渡期安排），并简要说明理由。将答案直接填入答题区的相应表格内。

事项序号	是否违反（违反/不违反）	理由
（1）		
（2）		
（3）		
（4）		
（5）		
（6）		

答案：

事项序号	是否违反（违反/不违反）	理由
（1）	不违反	A注册会计师在五年关键审计合伙人任期内担任甲公司项目合伙人累计未达到三年/冷却期应当为连续两年/两年冷却期已满。
（2）	违反	通过审计项目组成员B的股票账户购买的甲公司股票，属于B持有的甲公司直接经济利益，因自身利益对独立性产生严重不利影响。
（3）	违反	审计项目组成员的主要近亲属在财务报表涵盖期间担任甲公司子公司的董事，因自身利益、密切关系或外在压力对独立性产生严重不利影响。

续表

事项序号	是否违反（违反/不违反）	理由
(4)	违反	乙公司被视为 ABC 会计师事务所的网络事务所，应与 ABC 会计师事务所的审计客户保持独立。合并财务报表系统生成的信息对甲公司财务报表影响重大/构成财务报告内部控制的主要组成部分，乙公司为甲公司提供该系统优化服务，因自我评价对独立性产生严重不利影响。
(5)	违反	D 高级经理在借调期内的工作涉及甲公司会计记录和财务报表的编制且不是日常性或机械性的/涉及承担甲公司管理层职责，因自我评价对独立性产生严重不利影响。
(6)	违反	甲公司推介了 XYZ 公司的服务/属于禁止的商业关系，因自身利益或外在压力对独立性产生严重不利影响。

四、综合题（本题共 19 分。）

上市公司甲公司是 ABC 会计师事务所的常年审计客户，主要从事信息技术服务和智能产品的研发、生产与销售。A 注册会计师负责审计甲公司 2021 年度财务报表，确定集团财务报表整体的重要性为 800 万元，实际执行的重要性为 600 万元。

资料一：

A 注册会计师在审计工作底稿中记录了所了解的甲公司情况及其环境，部分内容摘录如下：

（1）甲公司于 2020 年初以 1 亿元购入 a 专利技术，用于对智能学习机产品进行升级改造，于 2021 年初推出新版智能学习机，全面替代老版产品。因价格不变，产品销量增长了 20%。

（2）2021 年 11 月，甲公司承建乙公司安防系统集成业务，合同总价 2 000 万元，工期 3 个月。合同约定客户按监理确认进度的 70% 付款，完工验收并试运行 2 个月后支付尾款，若客户违约，甲公司有权终止合同，已收取的款项不予返还。

（3）2021 年，甲公司与丙公司签订合同为其开发定制化 b 智能业务管理系统。截至 2021 年底，该项目已发生支出 1 000 万元，初步完成前期研发工作，系统方案通过丙公司评审，进入项目正式实施阶段。

（4）2020 年，甲公司承担了一项国家重大课题研究项目，并于 2021 年 6 月收到科研经费 2 000 万元。该课题研究成果归甲公司所有并将用于甲公司现有业务中，国家根据需要可以指定第三方使用。

（5）2020 年 12 月，甲公司签订了一份办公室租赁合同，租赁开始日为 2021 年 1 月 1 日，年租金 300 万元，租期 1 年，且甲公司拥有 4 年的续租选择权。新办公室于 2021 年 7 月初完成装修后投入使用，装修支出共计 500 万元。

资料二：

A 注册会计师在审计工作底稿中记录了甲公司的财务数据，部分内容摘录如下：

金额单位：万元

项目	未审数 2021年	已审数 2020年
营业收入——智能学习机	36 000	30 000
营业成本——智能学习机	24 000	20 000
营业收入——乙公司安防系统	1 000	0
营业成本——乙公司安防系统	700	0
管理费用——新办公室租赁费用	300	0
研发费用——丙公司b系统	1 000	0
其他收益——国家重大课题补助	2 000	0
使用权资产	0	100
无形资产——a专利	6 000	8 000
开发支出——国家重大课题	5 000	1 000
长期待摊费用——新办公室装修	450	0

资料三：

A注册会计师在审计工作底稿中记录了审计计划，部分内容摘录如下：

（1）A注册会计师拟在实施风险评估程序时了解以下内容，作为识别和评估会计估计重大错报风险的基础：1）了解适用的财务报告编制基础的要求；2）了解管理层如何识别是否需要作出会计估计；3）了解管理层如何作出会计估计。

（2）2021年，为加强客户信用等级分类管理，甲公司修改了信息系统中有关客户信用评级的参数和模型。A注册会计师在了解相关控制后，认为该变化不影响以前审计所获取证据的相关性，拟信赖以前审计获取的有关客户信用管理的自动化控制运行有效性的证据，不再在本期审计中测试这些控制。

（3）因甲公司管理层要求不对应付账款实施函证，A注册会计师拟直接实施替代审计程序，以获取与应付账款余额相关的审计证据。

（4）甲公司智能产品的部分硬件委托丁公司加工。因丁公司未在年末执行存货盘点，A注册会计师预期不能通过函证获取有关委托加工物资存在和状况方面的审计证据，要求甲公司对存放在丁公司的存货进行盘点，并计划实施监盘程序。

资料四：

A注册会计师在审计工作底稿中记录了实施进一步审计程序的情况，部分内容摘录如下：

（1）A注册会计师使用不同于甲公司管理层的假设，对甲公司一项权益工具投资的公允价值作出的区间估计为1 000万元至1 400万元。在充分了解管理层的假设后，A注册会计师确定在作出区间估计时已考虑了相关变量，据此认为管理层的点估计1 200万元不存在重大错报。

（2）2021年初，甲公司向一新增供应商预付大额原材料采购款，期末审计时，尚未收到相关原材料。A 注册会计师检查了采购合同、付款申请单、付款凭证等支持性文件，并向该供应商函证，结果满意，据此认可了该预付款项的年末余额。

（3）甲公司在将车载产品交付车厂时同时提供销售发票，在车厂完成产品安装后确认收入。A 注册会计师在实施销售截止测试时，选取资产负债表日前后 15 天的明细账记录和销售发票，将发票日期与记账日期进行双向核对，未发现收入跨期的情况。

（4）A 注册会计师在监盘甲公司未质押定期存款凭据时，检查了开户证实书原件，核对了存款人、金额、期限、利率等相关信息，未发现异常，结果满意。

资料五：

A 注册会计师在审计工作底稿中记录了错报评价及重大事项的处理情况，部分内容摘录如下：

（1）A 注册会计师实施审计抽样检查采购交易，因样本结果不支持总体账面金额，要求甲公司管理层对错报进行调查。管理层更正了其在调查中发现的错报。因已更正错报金额与 A 注册会计师的推断错报接近，A 注册会计师认可了管理层调整后的金额。

（2）A 注册会计师根据经审计的财务结果对重要性作出修改，并确定了更低的实际执行的重要性。在使用修改后的重要性评估未更正错报后，A 注册会计师认为未更正错报单独或汇总起来对财务报表整体的影响不重大，未实施进一步审计程序。

（3）A 注册会计师获取并阅读了经甲公司治理层批准用于发布的甲公司年度报告最终版本，未发现其他信息存在不一致，在出具审计报告后未再核对甲公司网站上发布的年度报告的信息。

要求：

（1）针对资料一第（1）至（5）项，结合资料二，假定不考虑其他条件，逐项指出资料一所列事项是否可能表明存在重大错报风险。如果认为可能表明存在重大错报风险，简要说明理由，并说明该风险主要与哪些财务报表项目的哪些认定相关（不考虑税务影响）。将答案直接填入答题区的相应表格内。

事项序号	是否可能表明存在重大错报风险（是/否）	理由	财务报表项目名称及认定
（1）			
（2）			
（3）			
（4）			
（5）			

（2）针对资料三第（1）至（4）项，假定不考虑其他条件，逐项指出 A 注册会计师的做法是否恰当。如不恰当，简要说明理由。将答案直接填入答题区的相应表格内。

事项序号	是否恰当（是/否）	理由
(1)		
(2)		
(3)		
(4)		

（3）针对资料四第（1）至（4）项，假定不考虑其他条件，逐项指出A注册会计师的做法是否恰当。如不恰当，简要说明理由。将答案直接填入答题区的相应表格内。

事项序号	是否恰当（是/否）	理由
(1)		
(2)		
(3)		
(4)		

（4）针对资料五第（1）至（3）项，假定不考虑其他条件，逐项指出A注册会计师的做法是否恰当。如不恰当，简要说明理由。将答案直接填入答题区的相应表格内。

事项序号	是否恰当（是/否）	理由
(1)		
(2)		
(3)		

答案：
（1）

事项序号	是否可能表明存在重大错报风险（是/否）	理由	财务报表项目名称及认定
(1)	是	新版学习机价格不变的情况下，毛利率没有变化，产品成本中可能未包括外购专利的摊销，可能存在少计成本，多计费用的风险	营业成本（完整性/分类） 管理费用（发生/分类）
(2)	是	该系统集成业务很可能不属于某一时段内履行的履约义务，可能存在多计收入和成本的风险	营业收入（发生） 合同资产/应收账款（存在）/合同负债（完整性） 营业成本（发生） 存货（完整性）

续表

事项序号	是否可能表明存在重大错报风险（是/否）	理由	财务报表项目名称及认定
(3)	是	前期研发工作可能是为客户提供的一项服务，而不是自身的研发支出，可能存在多计研发费用的风险	存货/营业成本（完整性）研发费用（发生）
(4)	是	课题研发支出资本化，科研经费可能是与资产相关的政府补助，可能存在多计其他收益，少计递延收益的风险	其他收益（发生）递延收益（完整性）
(5)	是	新办公室的租赁期很可能长于1年，可能不能作为短期租赁处理／可能需要确认使用权资产和租赁负债，存在少计使用权资产和租赁负债的风险	使用权资产（完整性）租赁负债（完整性）

（2）

事项序号	是否恰当（是/否）	理由
(1)	否	还应当复核上期会计估计。
(2)	否	相关控制已发生实质性变化／该变化会导致数据累积或计算发生变化，影响以前审计所获取证据的相关性，应当在本期测试相关控制。
(3)	否	应当考虑管理层的要求是否合理，并获取审计证据予以支持。
(4)	是	

（3）

事项序号	是否恰当（是/否）	理由
(1)	是	
(2)	否	应当评价预付款项的商业合理性。
(3)	否	发票日期与收入确认日期可能不一致，应当检查能够体现车厂完成安装日期的支持性文件。
(4)	是	

（4）

事项序号	是否恰当（是/否）	理由
(1)	否	还应当实施追加审计程序，以确定错报是否仍然存在。
(2)	否	在审计完成阶段确定了更低的实际执行的重要性，注册会计师应当基于修改后的实际执行的重要性，重新考虑进一步审计程序的性质、时间安排和范围的适当性。
(3)	是	

2021 年注册会计师全国统一考试

《审计》试题及答案

一、单项选择题（本题型共 20 小题，每小题 1 分，共 20 分。每小题只有一个正确答案，请从每小题的备选答案中选出一个你认为正确的答案，用鼠标点击相应的选项。）

1. 下列有关注册会计师审计和政府审计的共同点的说法中，正确的是（　　）。
   A. 注册会计师审计和政府审计的取证权限相同
   B. 注册会计师审计和政府审计的依据都是《中华人民共和国审计法》
   C. 注册会计师审计和政府审计都可以对发现的问题提出处理、处罚意见
   D. 注册会计师审计和政府审计都是国家治理体系及治理能力现代化建设的重要方面

   答案：D

2. 下列有关注册会计师保持职业怀疑的说法中，错误的是（　　）。
   A. 保持职业怀疑可以增强注册会计师在审计中保持独立性的能力
   B. 职业怀疑要求注册会计师质疑相互矛盾的证据的可靠性
   C. 职业怀疑要求注册会计师在评价管理层和治理层时，不应依赖以往对管理层和治理层诚信形成的判断
   D. 保持职业怀疑有助于注册会计师恰当运用职业判断

   答案：A

3. 下列有关财务报表层次重大错报风险的说法中，错误的是（　　）。
   A. 财务报表层次重大错报风险可能影响多项认定
   B. 财务报表层次重大错报风险通常与控制环境有关
   C. 财务报表层次重大错报风险增大了认定层次发生重大错报风险的可能性
   D. 财务报表层次重大错报风险的评估结果直接有助于注册会计师确定认定层次上实施的进一步审计程序的性质、时间安排和范围

   答案：D

4. 下列有关检查风险的说法中，错误的是（　　）。
   A. 检查风险取决于审计程序设计的合理性和执行的有效性
   B. 检查风险不可能降低为零
   C. 抽样风险通常不会导致检查风险

D. 在既定的审计风险水平下，评估的重大错报风险越低，可接受的检查风险越高

答案：C

5. 下列各项中，不属于审计的前提条件的是（ ）。

   A. 存在可接受的财务报告编制基础

   B. 管理层愿意接受非无保留意见的审计报告

   C. 管理层认可并理解其对财务报表承担的责任

   D. 管理层向注册会计师提供必要的工作条件

   答案：B

6. 下列各项中，注册会计师为确定财务报表整体的重要性而选择基准时，通常无须考虑的是（ ）。

   A. 是否为首次接受委托的审计项目

   B. 被审计单位的性质

   C. 被审计单位的所有权结构

   D. 被审计单位的融资方式

   答案：A

7. 下列各项中，通常不影响询证函回函的可靠性的是（ ）。

   A. 被询证者的客观性

   B. 询证函发出及收回的控制情况

   C. 回函的及时性

   D. 回函中包含的限制条款

   答案：C

8. 下列有关统计抽样和非统计抽样的共同点的说法中，错误的是（ ）。

   A. 统计抽样和非统计抽样都需要注册会计师运用职业判断

   B. 统计抽样和非统计抽样都能客观计量抽样风险

   C. 统计抽样和非统计抽样都难以量化非抽样风险

   D. 如果设计得当，非统计抽样能够提供与统计抽样同样有效的结果

   答案：B

9. 在运用审计抽样实施控制测试时，下列各项中，与样本规模同向变动的是（ ）。

   A. 可接受的信赖过度风险   B. 可容忍偏差率

   C. 预计总体偏差率   D. 总体规模

   答案：C

10. 下列有关注册会计师了解被审计单位性质的说法中，错误的是（ ）。

    A. 了解被审计单位所有权结构，有助于注册会计师识别关联方关系并了解被审计单位的决策过程

    B. 了解被审计单位经营活动，有助于注册会计师识别预期在财务报表中反映的主要交易类别、重要账户余额和列报

    C. 了解被审计单位筹资活动，有助于注册会计师评估被审计单位在融资方面的压力，并进一步考虑被审计单位在可预见未来的持续经营能力

D. 了解被审计单位治理结构，有助于注册会计师关注被审计单位在经营策略和方向上的重大变化

答案：D

11. 下列各项重大错报风险中，注册会计师应当评估为特别风险的是（   ）。
    A. 与重大资产余额相关的重大错报风险
    B. 与管理层挪用货币资金相关的重大错报风险
    C. 与关联方交易相关的重大错报风险
    D. 与具有高度估计不确定性的会计估计相关的重大错报风险

答案：B

12. 下列有关控制测试和实质性程序的说法中，错误的是（   ）。
    A. 如果认为仅通过实施实质性程序无法获取认定层次的充分、适当的审计证据，注册会计师应当实施控制测试
    B. 无论是否实施控制测试，注册会计师均应对所有重大类别的交易、账户余额和披露实施实质性程序
    C. 注册会计师可以针对同一交易同时实施控制测试和实质性程序，以实现双重目的
    D. 注册会计师应当针对特别风险同时实施控制测试和实质性程序

答案：D

13. 下列有关注册会计师在财务报表审计中与舞弊相关的责任的说法中，错误的是（   ）。
    A. 注册会计师有责任对财务报表整体是否不存在由于舞弊或错误导致的重大错报获取合理保证
    B. 注册会计师应当评价识别出的由于舞弊导致的错报对管理层声明可靠性的影响
    C. 当已获取的证据表明存在或可能存在舞弊时，除非认为该事项不重要，注册会计师应当及时提请适当层级的管理层关注该事项
    D. 如果识别出舞弊或怀疑存在舞弊，注册会计师应当确定是否有责任向被审计单位以外的适当机构报告

答案：C

14. 下列有关注册会计师在执行财务报表审计时对法律法规的考虑的说法中，错误的是（   ）。
    A. 注册会计师没有责任防止被审计单位的违反法律法规行为，也不能期望其发现所有的违反法律法规行为
    B. 针对通常对决定财务报表重大金额和披露有直接影响的法律法规，注册会计师的责任是实施特定的审计程序，以识别可能对财务报表产生重大影响的违反这些法律法规的行为
    C. 如果怀疑被审计单位存在违反法律法规行为，除非法律法规禁止，注册会计师应当就此与适当层级的管理层和治理层进行讨论
    D. 如果识别出或怀疑被审计单位存在违反法律法规行为，注册会计师应当考虑是

否有责任向被审计单位以外的适当机构报告

答案：B

15. 下列各项中，注册会计师应当以书面形式与治理层沟通的是（ ）。
    A. 注册会计师识别出的管理层未向注册会计师披露的重大关联方交易
    B. 注册会计师识别出的可能导致对被审计单位持续经营能力产生重大疑虑的事项或情况
    C. 注册会计师识别出的值得关注的内部控制缺陷
    D. 被审计单位管理层对注册会计师执行审计工作的范围施加的限制

    答案：C

16. 相对于执行本期财务报表审计的注册会计师而言，下列各方中，不属于前任注册会计师的是（ ）。
    A. 对上期财务报表执行审计的其他会计师事务所的注册会计师
    B. 对上期财务报表执行审阅的其他会计师事务所的注册会计师
    C. 接受委托对本期财务报表执行审计但未完成审计工作的其他会计师事务所的注册会计师
    D. 接受委托对本期财务报表执行审计并已出具审计报告的其他会计师事务所的注册会计师

    答案：B

17. 在确定是否需要利用注册会计师的专家的工作时，下列各项因素中，注册会计师通常无须考虑的是（ ）。
    A. 管理层在编制财务报表时是否利用了管理层的专家的工作
    B. 审计事项的性质和重要性
    C. 可能对专家的客观性产生不利影响的利益和关系
    D. 应对识别出的风险的预期程序的性质

    答案：C

18. 下列有关注册会计师复核上期财务报表中会计估计的结果的说法中，错误的是（ ）。
    A. 复核的目的不是质疑上期依据当时可获得的信息而作出的判断
    B. 会计估计的结果与上期财务报表中已确认金额的差异不必然表明上期财务报表存在错报
    C. 复核上期财务报表中会计估计的结果通常不能提供有关会计估计流程有效性的信息
    D. 在确定复核的性质和范围时，注册会计师应当考虑会计估计的性质

    答案：C

19. 在执行首次审计业务时，下列各项审计程序中，通常无法为期初余额提供审计证据的是（ ）。
    A. 阅读被审计单位最近期间的财务报表
    B. 检查上期期末余额是否已正确结转至本期

C. 对本期发生额和期末余额实施实质性程序
D. 查阅前任注册会计师的审计工作底稿
答案：A

20. 下列有关未更正错报的说法中，错误的是（　　）。
   A. 在评价未更正错报时，注册会计师需要考虑每一单项错报，以评价其对相关类别的交易、账户余额或披露的影响
   B. 注册会计师与治理层沟通未更正错报时，应当逐项指明未更正错报的性质和金额
   C. 注册会计师应当考虑与以前期间相关的未更正错报对相关类别的交易、账户余额或披露以及财务报表整体的影响
   D. 注册会计师应当要求管理层提供书面声明，说明其是否认为未更正错报单独或汇总起来对财务报表整体的影响不重大
答案：B

二、多项选择题（本题型共15小题，每小题2分，共30分。每小题均有多个正确答案，请从每小题的备选答案中选出你认为正确的答案，用鼠标点击相应的选项。每小题所有答案选择正确的得分，不答、错答、漏答均不得分。）

1. 下列各项注册会计师执行的业务中，能够提供合理保证或有限保证的有（　　）。
   A. 财务报表审计
   B. 财务报表审阅
   C. 对财务信息执行商定程序
   D. 管理咨询
答案：AB

2. 下列各项中，用于判断注册会计师是否按照审计准则的规定执行了审计工作的有（　　）。
   A. 注册会计师在具体情况下实施的审计程序的恰当性
   B. 注册会计师获取的审计证据的充分性和适当性
   C. 注册会计师出具的审计报告的恰当性
   D. 注册会计师是否识别出财务报表中存在的所有重大错报
答案：ABC

3. 在确定被审计单位财务报告编制基础的可接受性时，下列各项中，注册会计师需要考虑的有（　　）。
   A. 被审计单位的性质
   B. 财务报表的目的
   C. 财务报表的性质
   D. 被审计单位管理层是否充分了解财务报告编制基础
答案：ABC

4. 下列有关明显微小错报的说法中，正确的有（　　）。

A. 注册会计师不需要累积明显微小的错报
B. 明显微小错报的汇总数不会对财务报表产生重大影响
C. 明显微小错报的金额的数量级小于不重大错报的金额的数量级
D. 如果不确定一个或多个错报是否明显微小,就不能认为这些错报是明显微小的
答案：ABCD

5. 在作出是否有必要实施函证的决策时,下列各项因素中,注册会计师应当考虑的有（　　）。
A. 评估的认定层次重大错报风险
B. 函证程序针对的认定
C. 被审计单位管理层协助注册会计师实施函证程序的能力或意愿
D. 实施除函证以外的其他审计程序获取的审计证据
答案：ABD

6. 下列各项中,受被审计单位信息技术应用情况影响的有（　　）。
A. 审计目标
B. 审计线索
C. 审计内容
D. 审计技术手段
答案：BCD

7. 下列人员中,注册会计师应当将其编制的工作底稿归入审计工作底稿的有（　　）。
A. 为注册会计师提供直接协助的被审计单位内部审计人员
B. 来自其他会计师事务所的组成部分注册会计师
C. 注册会计师利用的外部专家
D. 项目质量复核人员
答案：AD

8. 在设计进一步审计程序时,下列各项因素中,注册会计师应当考虑的有（　　）。
A. 风险的重要性
B. 重大错报发生的可能性
C. 被审计单位采用的特定控制的性质
D. 涉及的各类交易、账户余额和披露的特征
答案：ABCD

9. 下列各项中,注册会计师在确定进一步审计程序的性质时,通常需要考虑的有（　　）。
A. 确定的重要性水平
B. 认定层次重大错报风险的评估结果
C. 评估的认定层次重大错报风险产生的原因
D. 在实施进一步审计程序时,注册会计师是否拟利用被审计单位信息系统生成的信息

答案：BCD

10. 在确定是否在期中实施实质性程序时，下列各项中，注册会计师通常需要考虑的有（   ）。
    A. 实施审计程序所需信息在期中之后的可获得性
    B. 相关认定的性质
    C. 评估的重大错报风险
    D. 成本效益的权衡
    答案：ABCD

11. 下列各项审计程序中，注册会计师在被审计单位存货盘点现场执行监盘时应当实施的有（   ）。
    A. 评价管理层用以记录和控制存货盘点结果的指令和程序
    B. 观察管理层制定的盘点程序的执行情况
    C. 检查存货
    D. 执行抽盘
    答案：ABCD

12. 针对评估的由于舞弊导致的财务报表层次重大错报风险，下列各项中，属于注册会计师应当采取的总体应对措施的有（   ）。
    A. 在分派和督导项目组成员时，考虑担任重要业务职责的项目组成员所具备的知识、技能和能力
    B. 评价被审计单位对会计政策的选择和运用，是否可能表明管理层通过操纵利润对财务信息作出虚假报告
    C. 扩大细节测试的样本规模
    D. 在选择审计程序的性质、时间安排和范围时，增加审计程序的不可预见性
    答案：ABD

13. 后任注册会计师应当在接受审计委托前与前任注册会计师进行沟通。下列情形中，通常对后任注册会计师是否接受委托的决策产生影响的有（   ）。
    A. 被审计单位变更会计师事务所的原因是不愿意支付合理的审计费用
    B. 沟通结果显示前任注册会计师与管理层在收入确认的会计政策上存在重大分歧
    C. 沟通结果显示被审计单位限制前任注册会计师接触其重要子公司的管理层
    D. 前任注册会计师表示由于存在法律诉讼的顾虑，只能作出有限的答复
    答案：ABCD

14. 下列情形中，注册会计师应当认定会计估计存在错报的有（   ）。
    A. 当审计证据支持点估计时，管理层的点估计与注册会计师的点估计存在差异
    B. 如注册会计师运用区间估计评价管理层的点估计是适当的，管理层的点估计不在区间估计的区间内
    C. 会计估计的结果与上期财务报表中已确认金额之间存在重大差异
    D. 会计估计存在管理层偏向的迹象
    答案：AB

15. 下列各项中，项目合伙人应当在审计过程中复核的有（　　）。
    A. 与重大事项有关的审计工作底稿
    B. 与重大判断有关的审计工作底稿
    C. 财务报表和审计报告
    D. 项目质量复核人员编制的复核记录
    答案：ABC

三、简答题（本题型共6小题31分。）

1. （本小题5分。）甲公司是ABC会计师事务所的常年审计客户，A注册会计师负责审计甲公司2020年度财务报表，确定财务报表整体的重要性为300万元。与货币资金审计相关的部分事项如下：

（1）甲公司一笔1 000万元的定期存款于2021年1月到期。A注册会计师于2020年末检查了相关的开户证实书原件，于2021年2月检查了到期兑付的银行凭证及相关的银行对账单，据此认可了该笔定期存款的存在。

（2）A注册会计师实施实质性分析程序发现，甲公司2020年度账面记录的银行存款利息收入明显少于预期值，经调查系年内向关联方借出资金、甲公司账面未作记录所致。因借出资金已于年末收回，不影响银行存款余额，A注册会计师认为不存在错报。

（3）甲公司与其子公司、乙银行签订的集团现金管理账户协议约定，子公司银行账户余额超过500万元的部分自动拨入甲公司银行账户。A注册会计师检查了相关协议，并通过函证向乙银行确认了资金归集账户的具体信息，结果满意。

（4）为验证银行对账单的真实性，A注册会计师要求甲公司财务人员提供相关的网银记录截屏，将网银截屏信息与银行对账单信息进行了核对，结果满意。

（5）在测试银行存款余额调节表时，A注册会计师针对企付银未付和企收银未收调节事项，分别检查了相关的付款和收款原始凭证，据此确认了调节事项的适当性。

要求：

针对上述第（1）至（5）项，逐项指出A注册会计师的做法是否恰当。如不恰当，简要说明理由。

答案：

（1）不恰当。定期存款期末余额重大，应当实施银行函证程序。

（2）不恰当。可能存在关联方交易的披露错报。

（3）恰当。

（4）不恰当。应核实网银截屏的真实性/亲自到银行获取对账单/观察甲公司人员登录并操作网银系统导出信息的过程。

（5）不恰当。还应检查期后银行对账单。

2. （本小题5分。）ABC会计师事务所的A注册会计师负责审计甲集团公司2020年度财务报表。与集团审计相关的部分事项如下：

（1）在确定组成部分重要性时，A注册会计师将集团财务报表整体的重要性乘以一定倍数，作为组成部分重要性的汇总数，按照组成部分的规模在各组成部分之间进行分配，并确保单个组成部分重要性不超过集团财务报表整体的重要性。

（2）在对所有不重要组成部分的汇总财务信息实施集团层面分析程序后，A注册会计师从中选取一些组成部分，对这些组成部分的汇总财务信息实施了审阅。

（3）子公司乙公司存在可能导致集团财务报表发生重大错报的特别风险。A注册会计师评价后认为，组成部分注册会计师拟实施的进一步审计程序是恰当的。因该组成部分注册会计师具有足够的胜任能力，A注册会计师未参与其实施的进一步审计程序。

（4）A注册会计师对负责境外重要子公司丙公司审计的组成部分注册会计师进行了了解，认为该组成部分注册会计师了解并能够遵守与集团审计相关的职业道德要求，具有胜任能力，所在地区监管环境严格，据此认为可以利用该组成部分注册会计师的工作。

（5）在确定需要向集团治理层和集团管理层通报的内部控制缺陷时，A注册会计师从集团项目组识别出的内部控制缺陷和组成部分注册会计师提请集团项目组关注的内部控制缺陷中，选择了通报内容。

要求：
针对上述第（1）至（5）项，逐项指出A注册会计师的做法是否恰当。如不恰当，简要说明理由。

答案：
（1）不恰当。组成部分重要性应低于集团财务报表整体的重要性。
（2）不恰当。应当对各组成部分财务信息单独实施审阅。
（3）恰当。
（4）不恰当。还应了解集团项目组参与组成部分注册会计师工作的程度是否足以获取充分、适当的审计证据。
（5）恰当。

3. （本小题5分。）ABC会计师事务所的A注册会计师负责审计上市公司甲公司2020年度财务报表和2020年末财务报告内部控制，采用整合审计方法执行审计。与内部控制审计相关的部分事项如下：

（1）2020年5月，甲公司对其部分业务信息系统和财务信息系统进行升级，与采购业务相关的内部控制因此发生变化。考虑到审计效率，A注册会计师仅测试了变更之后的内部控制设计和运行的有效性。

（2）甲公司共有30个银行账户，A注册会计师将财务经理每月复核银行存款余额调节表识别为一项关键控制。因该控制执行频率为每月一次，A注册会计师选取5份银行存款余额调节表测试了该控制，结果满意。

（3）期中审计时，A注册会计师发现甲公司某项每月执行一次的控制存在缺陷。甲公司于2020年12月完成整改。A注册会计师测试了整改后的控制，认为该控制在2020年12月31日是有效的。

（4）甲公司实际控制人于2020年12月归还了其年内违规占用的甲公司大额资金，A注册会计师据此认为与资金占用相关的内部控制在2020年末不存在缺陷。

（5）因受疫情影响无法对甲公司境外重要联营企业执行审计工作，A注册会计师对甲公司2020年度财务报表发表了保留意见。考虑到内部控制审计范围不包括联营企业的内部控制，A 注册会计师认为该事项不影响内部控制审计意见。

要求：

针对上述第（1）至（5）项，逐项指出 A 注册会计师的做法是否恰当。如不恰当，简要说明理由。

答案：

（1）恰当。

（2）不恰当。控制共发生 360 次/应采用控制频率为每天多次的样本量/应选取 25 至 60 份银行存款余额调节表。

（3）不恰当。整改后的控制在基准日前没有运行足够长的时间／整改后的控制应至少运行 2 个月。

（4）不恰当。归还资金无法证明不存在缺陷/违规占用大额资金表明存在控制缺陷。

（5）恰当。

4.（本小题 5 分。）ABC 会计师事务所的 A 注册会计师负责审计多家上市公司 2020 年度财务报表，遇到下列与审计报告相关的事项：

（1）A 注册会计师无法就甲公司重要子公司乙公司 2020 年末计提的存货跌价准备获取充分、适当的审计证据，对甲公司 2020 年度财务报表发表了保留意见。由于将存货跌价准备作为审计中最为重要的事项与甲公司治理层进行了沟通，A 注册会计师将除乙公司相关部分之外的存货跌价准备作为审计报告中的关键审计事项。

（2）2020 年 6 月，丙公司因对外担保被债权人起诉，一审败诉，很可能需要承担巨额赔偿责任。管理层以案件尚未终审判决为由未计提预计负债。A 注册会计师认为该事项对财务报表使用者理解财务报表至关重要，在审计报告中增加了强调事项段，提醒财务报表使用者关注附注中的相关披露。

（3）2021 年 1 月，丁公司原总经理及财务总监因涉嫌犯罪被批捕，新任管理层拒绝就 2020 年度财务报表签署书面声明。A 注册会计师执行审计后未发现重大错报，认为未获取书面声明对财务报表可能产生的影响重大但不具有广泛性，对丁公司 2020 年度财务报表发表了保留意见。

（4）因受疫情影响，A 注册会计师无法对戊公司的境外重要子公司己公司财务信息执行审计，对戊公司 2019 年度财务报表发表了无法表示意见。2020 年 10 月，戊公司转让己公司部分股权后失去控制，但仍具有重大影响。因疫情严重，A 注册会计师仍无法对己公司 2020 年度财务信息执行审计。考虑到己公司财务信息仅影响戊公司个别财务报表项目，A 注册会计师对戊公司 2020 年度财务报表发表了保留意见。

（5）庚公司管理层对已公布的 2020 年度财务报表进行了更正。A 注册会计师针对更正后的财务报表出具了新的审计报告，并在审计报告中增加强调事项段和其他事项段，提醒报表使用者关注附注中有关更正原财务报表的原因，并关注注册会计师提供的原审计报告。

要求：

针对上述第（1）至（5）项，逐项指出 A 注册会计师的做法是否恰当。如不恰当，简要说明理由。

答案：
（1）恰当。
（2）不恰当。财务报表存在重大错报，应发表保留/否定意见。
（3）不恰当。未能获取管理层书面声明，应发表无法表示意见。
（4）不恰当。己公司2020年1月至9月的经营成果对戊公司合并财务报表具有重大且广泛的影响/应发表无法表示意见。
（5）恰当。

5. （本小题5分。）ABC会计师事务所的质量管理制度部分内容摘录如下：
（1）合伙人的收益以各业务部门为单位进行分配，具体分配方案由各业务部门制定，原则上以执业质量为首要考核指标。
（2）事务所质量管理部对上市实体审计业务的关键审计合伙人轮换进行实时监控，并每年对轮换情况实施复核。其他审计业务的关键审计合伙人轮换由各业务部门自行监控及复核。
（3）项目合伙人对项目管理和项目质量承担总体责任，项目质量复核人员对项目质量复核的实施承担总体责任。
（4）事务所对项目实施内部质量检查时，该项目的项目组成员及项目质量复核人员均不得担任检查人员。
（5）项目合伙人和项目组其他成员不得担任本项目的项目质量复核人员，但可以为本项目的项目质量复核提供协助。

要求：
针对上述第（1）至（5）项，逐项指出ABC会计师事务所的质量管理制度的内容是否违反《会计师事务所质量管理准则第5101号——业务质量管理》和《会计师事务所质量管理准则第5102号——项目质量复核》的相关规定。如违反，简要说明理由。

答案：
（1）违反。应当在全所范围内进行合伙人收益分配。
（2）违反。会计师事务所应当针对公众利益实体审计业务对关键审计合伙人的轮换进行实时监控和复核。
（3）不违反。
（4）不违反。
（5）违反。为确保协助人员的客观性，项目合伙人和项目组其他成员不得为本项目的项目质量复核提供协助。

6. （本小题6分。）上市公司甲公司是ABC会计师事务所的常年审计客户。XYZ公司和ABC会计师事务所处于同一网络。审计项目组在甲公司2020年度财务报表审计中遇到下列事项：
（1）2020年8月，甲公司收购了乙公司100%的股权。2020年9月，项目合伙人A注册会计师发现其母亲持有乙公司发行的债券，面值人民币1万元，要求其母亲立即处置了这些债券。该投资对A注册会计师的母亲而言不重要。
（2）项目质量复核合伙人B注册会计师曾担任甲公司2015年度至2018年度财务报表审计项目合伙人，未参与2019年度财务报表审计。

(3) XYZ公司2020年11月新入职的高级经理C没有参与甲公司审计项目。C自2019年1月1日起担任甲公司独立董事，任期两年，到期后未再续任。

(4) 甲公司是丙公司的重要联营企业。2020年10月，XYZ公司接受委托为丙公司及其子公司的财务共享服务中心提供系统设计服务。丙公司不是ABC会计师事务所的审计客户。

(5) 甲公司的重要子公司丁公司从事游戏运营业务。2020年8月，丁公司聘请XYZ公司提供信息安全管理咨询服务，包括信息技术一般控制中的程序变更、程序和数据访问等安全政策的重新设计和优化。

(6) 2020年7月，甲公司某独立董事的妻子与XYZ公司的合伙人D合资开办了一家餐厅。D不是甲公司审计团队成员。

要求：

针对上述第（1）至（6）项，逐项指出是否可能存在违反中国注册会计师职业道德守则有关独立性规定的情况，并简要说明理由。将答案直接填入答题区的相应表格内。

事项序号	是否违反（违反/不违反）	理由
（1）		
（2）		
（3）		
（4）		
（5）		
（6）		

答案：

事项序号	是否违反（违反/不违反）	理由
（1）	违反	项目组成员的主要近亲属持有甲公司关联实体的直接经济利益/在收购前未处置其持有的乙公司的直接经济利益，因自身利益对独立性产生严重不利影响。
（2）	违反	前任项目合伙人在担任项目质量复核人员之前应冷却两年，否则因自我评价对独立性产生不利影响。
（3）	违反	事务所及其网络所的员工不得兼任审计客户的董事，否则因自我评价和自身利益对独立性产生严重不利影响。
（4）	不违反	该服务的结果不是审计对象/不影响甲公司财务报表，不会因自我评价对独立性产生不利影响。
（5）	违反	该服务涉及财务报告内部控制的重要组成部分，因自我评价对独立性产生严重不利影响。
（6）	不违反	D不是审计项目团队成员，其和独立董事妻子合作开办餐厅不属于禁止的商业关系。

四、综合题（本题共19分。）

上市公司甲公司是ABC会计师事务所的常年审计客户，主要从事医疗器械的生产和销售。A注册会计师负责审计甲公司2020年度财务报表，确定财务报表整体的重要性为1 000万元。

资料一：

A注册会计师在审计工作底稿中记录了所了解的甲公司情况及其环境，部分内容摘录如下：

（1）为占领市场，甲公司2020年对a设备采取新的销售模式：将设备售价减半为每台50万元，设备销售合同约定客户必须向甲公司购买a设备使用的试剂，试剂采购合同根据需求另行签订。甲公司预期试剂销售的利润可以弥补设备降价的损失。2020年a设备销量增长20%。

（2）2020年6月，甲公司受乙公司委托为其生产1 000台专用设备b，每台售价6万元。乙公司指定了b设备主要部件的供应商，并与该供应商确定了主要部件的规格和价格。

（3）甲公司采用经销模式销售2020年10月推出的新产品c设备，每台售价50万元。合同约定：经销商在实现终端销售后向甲公司支付设备款，在采购设备半年内未实现终端销售的可以退货。截至2020年末，甲公司累计销售c设备100台，与经销商对账显示这些设备均未实现终端销售。

（4）2020年5月，甲公司与丁大学合作研发一项新技术，预付研发经费3 000万元。2020年末，该研发项目进入开发阶段。

（5）2020年7月，甲公司收到当地政府支付的新冠肺炎疫情停工损失补助2 000万元。

资料二：

A注册会计师在审计工作底稿中记录了甲公司的财务数据，部分内容摘录如下：

金额单位：万元

项目	2020年 未审数	2019年 已审数
营业收入——a设备	30 000	50 000
营业成本——a设备	36 500	30 000
营业收入——b设备	6 000	0
营业成本——b设备	5 500	0
营业收入——c设备	5 000	0
营业成本——c设备	2 800	0
其他收益——停工损失补助	2 000	0
预付款项——丁大学	3 000	0
存货——a设备	10 000	8 000
存货——a设备存货跌价准备	100	100
合同资产——c设备经销商	5 000	0

资料三：

A 注册会计师在审计工作底稿中记录了审计计划，部分内容摘录如下：

（1）A 注册会计师拟对甲公司 2020 年度新增的三家重要经销商进行实地走访，提前将访谈提纲发送给甲公司销售经理，由其转交给经销商。

（2）A 注册会计师拟委托境外网络所的 B 注册会计师对甲公司境外仓库的存货执行现场监盘，并通过视频直播观察监盘过程。

（3）2020 年 11 月，甲公司将一家严重亏损的子公司转让给关联方，确认处置收益 3 000 万元。A 注册会计师拟对该交易实施以下程序：检查交易的授权审批情况；检查相关合同并评价交易条款是否与管理层的解释一致；检查该子公司的工商变更登记情况；检查甲公司收到股权转让款的相关单据；评价该交易会计处理和披露是否恰当。

（4）甲公司将部分设备无偿提供给医院使用，同时向医院销售这些设备使用的专用试剂。A 注册会计师拟通过检查设备移交记录和试剂销售情况，以及选取部分设备实施现场检查，获取有关设备存在的审计证据。

资料四：

A 注册会计师在审计工作底稿中记录了实施进一步审计程序的情况，部分内容摘录如下：

（1）因航班临时取消，A 注册会计师无法在甲公司重要异地仓库的存货盘点日到达现场，通过实施替代程序获取了有关该仓库存货存在和状况的审计证据。

（2）甲公司的直销设备在送达客户指定场所并安装验收后确认收入。在测试直销设备营业收入的完整性时，A 注册会计师检查了仓储部门留存的发运凭证的完整性，从中选取样本，追查至营业收入明细账，结果满意。

（3）A 注册会计师在对甲公司 2020 年度的职工薪酬实施实质性分析程序时，获取了人事部门提供的员工人数和平均薪酬数据，在评价了这些数据的可靠性后作出预期，预期值与已记录金额之间的差异低于可接受差异额，结果满意。

（4）2020 年末，甲公司因一项重大的对外担保被起诉。A 注册会计师认为甲公司聘请的外部律师不具有客观性，因此未与其沟通，而是征询了独立第三方律师的法律意见。

资料五：

A 注册会计师在审计工作底稿中记录了错报评价及重大事项的处理情况，部分内容摘录如下：

（1）A 注册会计师发现甲公司 2020 年 12 月少结转营业成本 5 万元，系因系统中设置的成本差异分配参数有误所致。因错报金额小于明显微小错报的临界值，A 注册会计师没有累积该项错报。

（2）甲公司 2020 年度财务报表存在一笔未更正错报，系销售推广费 1 200 万元误计入管理费用。因该错报是分类错报，且不影响关键财务比率，A 注册会计师认为该错报不重大，同意管理层不予调整。

（3）A 注册会计师在出具审计报告前与甲公司审计委员会进行了会议沟通。因甲公司编制的会议纪要与实际情况不符，A注册会计师另行编制了一份纪要，将其副本连同甲公司编制的纪要一起致送审计委员会。

要求：

（1）针对资料一第（1）至（5）项，结合资料二，假定不考虑其他条件，逐项指出资料一所列事项是否可能表明存在重大错报风险。如果认为可能表明存在重大错报风险，简要说明理由，并说明该风险主要与哪些财务报表项目的哪些认定相关（不考虑税务影响）。将答案直接填入答题区的相应表格内。

事项序号	是否可能表明存在重大错报风险（是/否）	理由	财务报表项目名称及认定
（1）			
（2）			
（3）			
（4）			
（5）			

（2）针对资料三第（1）至（4）项，假定不考虑其他条件，逐项指出A注册会计师的做法是否恰当。如不恰当，简要说明理由。将答案直接填入答题区的相应表格内。

事项序号	是否恰当（是/否）	理由
（1）		
（2）		
（3）		
（4）		

（3）针对资料四第（1）至（4）项，假定不考虑其他条件，逐项指出A注册会计师的做法是否恰当。如不恰当，简要说明理由。将答案直接填入答题区的相应表格内。

事项序号	是否恰当（是/否）	理由
（1）		
（2）		
（3）		
（4）		

（4）针对资料五第（1）至（3）项，假定不考虑其他条件，逐项指出 A 注册会计师的做法是否恰当。如不恰当，简要说明理由。将答案直接填入答题区的相应表格内。

事项序号	是否恰当（是/否）	理由
（1）		
（2）		
（3）		

答案：

（1）

事项序号	是否可能表明存在重大错报风险（是/否）	理由	财务报表项目名称及认定
（1）	是	新业务模式导致设备销售毛利出现负数，未来试剂销售情况存在不确定性，可能存在少计存货跌价准备的风险	资产减值损失（完整性/准确性）存货（准确性、计价和分摊）
（2）	是	b设备的毛利率较低，主要部件的供应商及其价格由乙公司指定，可能是受托加工业务/可能需要按净额确认收入，可能存在多计收入和成本的风险	营业收入（准确性/发生）营业成本（准确性/发生）
（3）	是	经销商在未实现终端销售前没有付款义务，且可以退货，该业务可能是委托代销/c设备的控制权可能没有转移给经销商，可能存在多计收入、少计存货的风险	营业收入（发生）合同资产（存在）营业成本（发生）存货（完整性）
（4）	是	未确认研究阶段发生的费用/应根据研发进展情况确认已发生的研发费用，可能存在少计研发费用的风险	研发费用（完整性）预付款项（准确性、计价和分摊/存在）
（5）	是	疫情导致的停工损失为非常损失/收到的补助与日常活动无关，可能存在多计其他收益的风险	其他收益（分类/发生）营业外收入（分类/完整性）

（2）

事项序号	是否恰当（是/否）	理由
（1）	否	在访谈前应注意对访谈提纲保密。
（2）	是	
（3）	否	还应评价交易的商业理由是否合理。
（4）	是	

(3)

事项序号	是否恰当（是/否）	理由
(1)	否	应当另择日期实施监盘。
(2)	否	应当从验收报告中选取样本。
(3)	是	
(4)	否	应与甲公司的外部律师直接沟通/应向甲公司的外部律师寄发询证函。

(4)

事项序号	是否恰当（是/否）	理由
(1)	否	该错报可能是一项系统性错报/可能存在其他类似的错报。
(2)	是	
(3)	是	

2020 年注册会计师全国统一考试

《审计》试题及答案

一、**单项选择题**（本题型共 25 小题，每小题 1 分，共 25 分。每小题只有一个正确答案，请从每小题的备选答案中选出一个你认为正确的答案，用鼠标点击相应的选项。）

1. 下列有关审计报告预期使用者的说法中，错误的是（   ）。
    A. 注册会计师可能无法识别所有的预期使用者
    B. 预期使用者不包括被审计单位的管理层
    C. 预期使用者可能不是审计业务的委托人
    D. 预期使用者不包括执行审计业务的注册会计师
    答案：B

2. 下列有关审计证据的说法中，错误的是（   ）。
    A. 审计证据可能包括被审计单位聘请的专家编制的信息
    B. 审计证据可能包括与管理层认定相矛盾的信息
    C. 信息的缺乏本身不构成审计证据
    D. 审计证据可能包括以前审计中获取的信息
    答案：C

3. 下列有关重大错报风险的说法中，错误的是（   ）。
    A. 所有被审计单位的财务报表都可能存在财务报表层次的重大错报风险和认定层次的重大错报风险
    B. 财务报表层次的重大错报风险通常是舞弊导致的，认定层次的重大错报风险通常是错误导致的
    C. 财务报表层次的重大错报风险增大了认定层次发生重大错报的可能性
    D. 财务报表层次的重大错报风险和认定层次的重大错报风险均可能构成特别风险
    答案：B

4. 下列各项中，不属于审计的固有限制来源的是（   ）。
    A. 管理层编制财务报表时需要作出判断
    B. 管理层可能不提供注册会计师要求的全部信息
    C. 注册会计师在合理的时间内以合理的成本完成审计的需要
    D. 注册会计师对重大错报风险的评估可能不恰当

答案：D

5. 下列各项因素中，注册会计师在确定财务报告编制基础的可接受性时通常无须考虑的是（   ）。
   A. 被审计单位的性质
   B. 编制财务报表的目的
   C. 注册会计师是否充分了解财务报告编制基础
   D. 法律法规是否规定了适用的财务报告编制基础
   答案：C

6. 下列有关财务报表整体的重要性的说法中，错误的是（   ）。
   A. 注册会计师应当在制定总体审计策略时确定财务报表整体的重要性
   B. 注册会计师应当从定性和定量两个方面考虑财务报表整体的重要性
   C. 财务报表的审计风险越高，财务报表整体的重要性金额越高
   D. 财务报表整体的重要性可能需要在审计过程中作出修改
   答案：C

7. 下列有关实际执行的重要性的说法中，错误的是（   ）。
   A. 注册会计师可以确定一个或多个实际执行的重要性
   B. 实际执行的重要性应当低于财务报表整体的重要性
   C. 并非所有审计业务都需要确定实际执行的重要性
   D. 实际执行的重要性可以被用作细节测试中的可容忍错报
   答案：C

8. 会计师事务所应当针对审计工作底稿设计和实施适当的控制。下列各项中，通常不属于控制目的的是（   ）。
   A. 在审计业务的所有阶段保护信息的完整性和安全性
   B. 使审计工作底稿清晰显示其生成、修改及复核的时间和人员
   C. 允许项目组以外的经授权的人员为适当履行职责而接触审计工作底稿
   D. 防止在审计工作底稿归档后未经授权删除或增加审计工作底稿
   答案：D

9. 下列有关审计证据的相关性的说法中，错误的是（   ）。
   A. 审计证据的相关性是审计证据适当性的核心内容之一
   B. 审计证据的相关性影响审计证据的充分性
   C. 审计证据的可靠性影响审计证据的相关性
   D. 审计证据的相关性可能受测试方向的影响
   答案：C

10. 下列有关审计抽样的样本代表性的说法中，错误的是（   ）。
    A. 样本代表性与样本规模相关
    B. 样本代表性与如何选取样本相关
    C. 样本代表性与整个样本而非样本中的单个项目相关
    D. 样本代表性通常与错报的发生率相关

答案：A

11. 在运用审计抽样实施控制测试时，下列各项因素中，不影响样本规模的是（ ）。
    A. 选取样本的方法 B. 控制的类型
    C. 可容忍偏差率 D. 控制运行的相关期间的长短
    答案：A

12. 下列各项中，不受被审计单位信息系统的设计和运行直接影响的是（ ）。
    A. 财务报表审计目标的制定
    B. 审计风险的评估
    C. 注册会计师对被审计单位业务流程的了解
    D. 需要收集的审计证据的性质
    答案：A

13. 下列各项因素中，注册会计师在确定审计工作底稿的要素和范围时通常无须考虑的是（ ）。
    A. 审计方法 B. 审计程序的范围
    C. 已获取的审计证据的重要程度 D. 识别出的例外事项的性质
    答案：B

14. 下列有关保存审计工作底稿的做法中，错误的是（ ）。
    A. 自审计报告日起保存 10 年
    B. 自审计工作底稿归档日起保存 10 年
    C. 自所审计财务报表的财务报表日起保存 15 年
    D. 无限期保存所有审计工作底稿
    答案：C

15. 下列有关控制对评估重大错报风险的影响的说法中，错误的是（ ）。
    A. 上年度审计中是否发现控制缺陷会影响注册会计师对重大错报风险的评估结果
    B. 控制是否得到执行不会影响注册会计师对重大错报风险的评估结果
    C. 控制运行有效性的测试结果会影响注册会计师对重大错报风险的评估结果
    D. 控制在所审计期间内是否发生变化会影响注册会计师对重大错报风险的评估结果
    答案：B

16. 下列做法中，通常无法应对舞弊导致的认定层次重大错报风险的是（ ）。
    A. 改变审计程序的性质 B. 改变控制测试的时间
    C. 改变实质性程序的时间 D. 改变审计程序的范围
    答案：B

17. 下列各项沟通中，注册会计师应当采用书面形式的是（ ）。
    A. 在接受委托前，与前任注册会计师进行沟通
    B. 在接受委托后，与前任注册会计师进行沟通
    C. 在上市公司审计中，与治理层沟通关键审计事项
    D. 在上市公司审计中，与治理层沟通注册会计师的独立性

答案：D

18. 下列人员中，应当遵守注册会计师所在会计师事务所的质量控制政策和程序的是（　　）。
    A. 为财务报表审计提供直接协助的被审计单位内部审计人员
    B. 注册会计师利用的内部专家
    C. 来自其他会计师事务所的组成部分注册会计师
    D. 其工作被用作审计证据的被审计单位管理层的专家
    答案：B

19. 对于集团财务报表审计，下列有关组成部分重要性的说法中，错误的是（　　）。
    A. 组成部分重要性应当小于集团财务报表整体的重要性
    B. 不同组成部分的组成部分重要性可以相同
    C. 集团项目组应当评价组成部分注册会计师确定的组成部分重要性是否适当
    D. 并非所有组成部分都需要组成部分重要性
    答案：C

20. 下列有关审计工作底稿归档期限的说法中，正确的是（　　）。
    A. 注册会计师应当自财务报表报出日起60天内将审计工作底稿归档
    B. 注册会计师应当自财务报表批准日起60天内将审计工作底稿归档
    C. 如对同一财务信息出具两份日期相近的审计报告，注册会计师应当在较早的审计报告日后60天内将审计工作底稿归档
    D. 如注册会计师未能完成审计业务，应当自审计业务中止后的60天内将审计工作底稿归档
    答案：D

21. 对于集团财务报表审计，下列有关集团项目组参与重要组成部分审计工作的说法中，错误的是（　　）。
    A. 集团项目组应当与组成部分注册会计师或组成部分管理层讨论对集团而言重要的组成部分业务活动
    B. 集团项目组应当参与组成部分注册会计师实施的风险评估程序
    C. 集团项目组应当参与组成部分注册会计师针对导致集团财务报表发生重大错报的特别风险实施的进一步审计程序
    D. 集团项目组应当复核组成部分注册会计师对识别出的导致集团财务报表发生重大错报的特别风险形成的审计工作底稿
    答案：C

22. 下列有关书面声明的作用的说法中，错误的是（　　）。
    A. 书面声明是审计证据的重要来源
    B. 要求管理层提供书面声明而非口头声明，可以提高管理层声明的质量
    C. 在某些情况下，书面声明可能可以为相关事项提供充分、适当的审计证据
    D. 书面声明可能影响注册会计师需要获取的审计证据的性质和范围
    答案：C

23. 下列有关项目组在业务执行过程中向其他专业人士进行咨询的说法中，错误的是（　　）。
    A. 项目组在进行咨询前应当取得项目合伙人的批准
    B. 如项目组遇到的疑难问题或争议事项不重大，可以不进行咨询
    C. 咨询记录应当经被咨询者认可
    D. 被咨询者可以是会计师事务所外部的其他专业人士
    答案：A

24. 下列有关分析程序的说法中，错误的是（　　）。
    A. 分析程序所使用的信息可能包括非财务数据
    B. 注册会计师不需要在所有审计业务中运用分析程序
    C. 对某些重大错报风险，分析程序可能比细节测试更有效
    D. 分析程序并不适用于所有财务报表认定
    答案：B

25. 在对被审计单位同时执行财务报表审计和内部控制审计时，下列各项工作中，注册会计师可以利用被审计单位内部审计工作的是（　　）。
    A. 确定重要性水平　　　　　　　　　B. 了解企业层面控制
    C. 对重大业务流程实施穿行测试　　　D. 确定细节测试的样本量
    答案：C

二、多项选择题（本题型共 10 小题，每小题 2 分，共 20 分。每小题均有多个正确答案，请从每小题的备选答案中选出你认为正确的答案，用鼠标点击相应的选项。每小题所有答案选择正确的得分，不答、错答、漏答均不得分。）

1. 下列各项中，属于合理保证鉴证业务的有（　　）。
   A. 财务报表审计业务　　　　　　　　B. 内部控制审计业务
   C. 财务报表审阅业务　　　　　　　　D. 审计和审阅以外的其他鉴证业务
   答案：AB

2. 下列各项审计工作中，注册会计师需要使用财务报表整体重要性的有（　　）。
   A. 确定风险评估程序的性质、时间安排和范围
   B. 识别和评估重大错报风险
   C. 确定实际执行的重要性
   D. 评价已识别的错报对财务报表的影响
   答案：ABCD

3. 下列各项因素中，注册会计师在确定实施审计程序的时间时需要考虑的有（　　）。
   A. 何时能得到相关信息　　　　　　　B. 审计证据适用的期间
   C. 错报风险的性质　　　　　　　　　D. 被审计单位的控制环境
   答案：ABCD

4. 对于集团财务报表审计，下列各项因素中，集团项目组在确定对组成部分财务信

息拟执行的工作类型以及参与组成部分注册会计师工作的程度时，需要考虑的有（　　）。

A. 组成部分的重要程度
B. 是否识别出导致集团财务报表发生重大错报的特别风险
C. 对集团层面控制的设计的评价，以及其是否得到执行的判断
D. 集团项目组对组成部分注册会计师的了解

答案：ABCD

5. 如果识别出可能导致对被审计单位持续经营能力产生重大疑虑的事项或情况，注册会计师应当实施追加的审计程序，以确定是否存在重大不确定性。下列各项审计程序中，注册会计师应当实施的有（　　）。

A. 要求管理层提供有关未来应对计划及其可行性的书面声明
B. 评价与管理层评估持续经营能力相关的内部控制是否运行有效
C. 考虑自管理层作出评估后是否存在其他可获得的事实或信息
D. 如果管理层未对被审计单位持续经营能力作出评估，提请管理层进行评估

答案：ACD

6. 下列有关首次审计业务的期初余额审计的说法中，正确的有（　　）。

A. 如果前任注册会计师对上期财务报表发表了非无保留意见，注册会计师在评估本期财务报表重大错报风险时，应当评价导致对上期财务报表发表非无保留意见的事项的影响
B. 为确定期初余额是否含有对本期财务报表产生重大影响的错报，注册会计师应当确定适用于期初余额的重要性水平
C. 查阅前任注册会计师审计工作底稿获取的信息可能影响后任注册会计师对期初余额实施审计程序的范围
D. 即使上期财务报表未经审计，注册会计师也无须专门对期初余额发表审计意见

答案：ACD

7. 在执行内部控制审计时，下列有关控制偏差的说法中，正确的有（　　）。

A. 如果发现的控制偏差是系统性偏差，注册会计师应当考虑对审计方案的影响
B. 如果发现的控制偏差是系统性偏差，注册会计师应当扩大样本规模进行测试
C. 如果发现控制偏差，注册会计师应当确定偏差对与所测试控制相关的风险评估的影响
D. 如果发现的控制偏差是人为有意造成的，注册会计师应当考虑舞弊的可能迹象

答案：ACD

8. 在执行接受或保持客户关系和具体业务的程序时，下列情形中，会计师事务所应当拒绝接受业务委托的有（　　）。

A. 有信息表明该客户缺乏诚信
B. 会计师事务所与该客户存在密切的商业关系
C. 会计师事务所不具有执行业务的必要时间
D. 会计师事务所与该客户存在利益冲突

答案：ABC

9. 下列情形中，可能损害项目质量控制复核人员客观性的有（　　）。

  A. 项目质量控制复核人员曾经担任所复核项目的签字注册会计师

  B. 项目质量控制复核人员由项目合伙人推荐

  C. 项目合伙人就审计意见类型向项目质量控制复核人员进行咨询

  D. 项目质量控制复核人员在会计师事务所担任高级领导职务

  答案：ABC

10. 下列有关业务工作底稿的说法中，正确的有（　　）。

  A. 未经客户许可，会计师事务所不得将业务工作底稿摘录给第三方

  B. 如经客户许可，会计师事务所可以将业务工作底稿摘录给第三方

  C. 未经会计师事务所许可，项目组不得将业务工作底稿摘录给客户

  D. 如客户提出要求，会计师事务所应当将业务工作底稿摘录给客户

  答案：BC

三、简答题（本题型共6小题36分。）

1. （本小题6分。）ABC会计师事务所的A注册会计师负责审计甲公司2019年度财务报表。与函证相关的部分事项如下：

（1）在发出询证函前，A注册会计师根据风险评估结果选取部分被询证者，通过查询公开网站等方式，验证了甲公司管理层提供的被询证者名称和地址的准确性，结果满意。

（2）甲公司2019年12月31日银行借款账面余额为零。为确认这一情况，A注册会计师在询证函中将银行借款项目用斜线划掉。银行回函显示信息相符，结果满意。

（3）甲公司开户行乙银行因受新冠肺炎疫情影响无法处理函证。A注册会计师与乙银行的上级银行沟通后向其寄发了询证函并收到回函，结果满意。

（4）2020年3月现场审计工作开始前，甲公司已收回2019年末的大部分应收账款。A注册会计师检查了相关的收款单据和银行对账单，结果满意，决定不对应收账款实施函证程序，并在审计工作底稿中记录了不发函的上述理由。

（5）A注册会计师收到丙公司通过电子邮件发来的其他应收款回函扫描件后，向甲公司财务人员取得了丙公司财务人员的微信号，联系对方核实了函证内容，并在审计工作底稿中记录了沟通情况及微信对话截屏。

要求：

针对上述第（1）至（5）项，逐项指出A注册会计师的做法是否恰当。如不恰当，简要说明理由。

答案：

（1）恰当。

（2）不恰当。斜线划掉表示该项目不适用，与发函目的不符/应当在银行借款项目填写零或无。

（3）恰当。

（4）不恰当。应当对应收账款实施函证，除非不重要或函证很可能无效/收款单据和

银行对账单可能不可靠。

(5) 不恰当。没有核实微信联络人的身份。

2. (本小题 6 分。) 制造业企业甲公司是 ABC 会计师事务所的常年审计客户。A 注册会计师负责审计甲公司 2019 年度财务报表。与存货审计相关的部分事项如下：

(1) 在测试 2019 年度营业成本时，A 注册会计师检查了成本核算系统中结转营业成本的设置，并检查了财务经理对营业成本计算表的复核审批记录，结果满意，据此认可了甲公司 2019 年度的营业成本。

(2) A 注册会计师取得了甲公司 2019 年末存货跌价准备明细表，测试了明细表中的存货数量、单位成本和可变现净值，检查了明细表的计算准确性，结果满意，据此认可了年末的存货跌价准备。

(3) 甲公司对生产工人采用计件工资制。在对直接人工成本实施实质性分析程序时，A 注册会计师取得了生产部门提供的产量统计报告和人事部门提供的计件工资标准，评价了相关信息的可靠性，据此计算了直接人工成本的预期值。

(4) A 注册会计师于 2019 年 12 月 31 日对甲公司的存货盘点实施了监盘。因人手不足，管理层和 A 注册会计师分别执行了其中的八个和两个仓库的盘点。在管理层完成八个仓库的盘点后，A 注册会计师取得了管理层编制的盘点表，从中选取项目执行了抽盘，结果满意，据此认可了盘点结果。

(5) 甲公司年末存放于第三方仓库的原材料金额重大。A 注册会计师向第三方仓库函证了这些原材料的名称、规格和数量，并测试了其单价，结果满意，据此认可了这些原材料的年末账面价值。

要求：

针对上述第 (1) 至 (5) 项，逐项指出 A 注册会计师的做法是否恰当。如不恰当，简要说明理由。

答案：

(1) 不恰当。制造业企业的营业成本通常涉及重大类别交易，应当实施实质性程序。

(2) 不恰当。未/应测试存货跌价准备明细表的完整性。

(3) 恰当。

(4) 不恰当。不能代行管理层的盘点职责。未在现场观察管理层的盘点。

(5) 不恰当。没有就第三方保管的原材料状况获取审计证据。

3. (本小题 6 分。) 甲公司是 ABC 会计师事务所的常年审计客户。A 注册会计师负责审计甲公司 2019 年度财务报表，评估认为商誉减值存在特别风险。与商誉减值审计相关的部分事项如下：

(1) 因甲公司管理层在实施商誉减值测试时利用了外部专家的工作，A 注册会计师认为与商誉减值相关的内部控制与审计无关，无须对其进行了解。

(2) 甲公司管理层在预测资产组未来现金流量时采用的未来五年收入增长率明显高于过去三年的实际增长率，且缺乏在手订单支持。A 注册会计师对管理层进行了访谈，并检查了管理层批准的未来五年预算，据此认可了管理层的假设。

(3) 甲公司商誉减值测试使用的折现率明显低于同行业可比公司的平均值，管理层聘请的评估专家解释其原因是甲公司融资成本较低。A 注册会计师询问管理层得到了同样的解释，据此认可了折现率的合理性。

（4）A 注册会计师聘请评估专家对甲公司某项商誉的减值测试结果进行复核。A 注册会计师评价了专家的胜任能力、专业素质、客观性及专长领域，获取了专家的复核报告，并实施特定程序对专家工作的恰当性作出了评价，据此认可了专家的工作。

（5）2020 年第一季度，甲公司某重要子公司的医用防护产品开始热销，管理层认为该事项不影响与该子公司相关的商誉的减值测试。A 注册会计师检查了期后相关产品的销售情况，认可了管理层的做法。

要求：

针对上述第（1）至（5）项，逐项指出 A 注册会计师的做法是否恰当。如不恰当，简要说明理由。

答案：

（1）不恰当。商誉减值涉及会计估计/商誉减值存在特别风险，应当了解相关的内部控制。

（2）不恰当。关键假设的证据不充分/未对明显不合理的假设获取充分、适当的审计证据。

（3）不恰当。询问管理层不足以证实管理层专家的说法。

（4）恰当。

（5）恰当。

4. （本小题 6 分。）ABC 会计师事务所的 A 注册会计师负责审计甲公司 2019 年度财务报表。与关联方审计相关的部分事项如下：

（1）A 注册会计师通过询问关联方名称、关联方自上期以来发生的变化、是否与关联方发生交易以及交易的类型、定价政策和目的，向管理层了解了关联方关系及其交易，并在审计工作底稿中记录了询问情况。

（2）甲公司与关联方乙公司签订协议，向其转让一幢办公楼并售后回租。A 注册会计师认为该项交易影响重大，查阅了相关协议，评价了交易的商业合理性和交易价格的公允性，向管理层询问核实了交易条款，检查了收款记录和过户文件，结果满意，据此认可了该交易的会计处理和披露。

（3）甲公司管理层在财务报表附注中披露，其向控股股东控制的集团财务公司的借款为公平交易。A 注册会计师将该借款的利率与同期银行借款利率进行了比较，未发现差异，据此认可了管理层的披露。

（4）因会计人员疏忽，甲公司将与关联方丙公司的交易误披露为与关联方丁公司的交易。A 注册会计师要求管理层作出调整，并检查了其他关联方交易的披露是否存在类似情况，结果满意，因而未与治理层沟通该事项。

（5）A 注册会计师怀疑甲公司 2019 年末新增的大客户戊公司是甲公司的关联方。管理层解释戊公司是甲公司为开拓某地市场而签约的总经销商，并非关联方。A 注册会计师查阅了相关的经销合同，向戊公司函证了销售金额和应收账款余额，检查了出库物流单据和签收记录，结果满意，认可了管理层的解释。

要求：

针对上述第（1）至（5）项，逐项指出A注册会计师的做法是否恰当。如不恰当，简要说明理由。

答案：

（1）不恰当。还应询问关联方的特征/关联方关系的性质。

（2）不恰当。还应获取交易已经恰当授权和批准的审计证据。

（3）不恰当。还应比较该借款的其他条款和条件。

（4）恰当。

（5）不恰当。还应就是否存在关联方关系实施进一步的审计程序/所实施程序无法证实是否存在关联方关系。

5．（本小题6分。）ABC会计师事务所的A注册会计师负责审计多家上市公司2019年度财务报表，遇到下列与审计报告相关的事项：

（1）A注册会计师在审计报告日后获取并阅读了甲公司2019年年度报告的最终版本，发现其他信息存在重大错报。因与管理层和治理层沟通后该错报未得到更正，A注册会计师拟在甲公司股东大会上通报该事项，但不重新出具审计报告。

（2）因受新冠肺炎疫情影响，A注册会计师无法对乙公司某海外重要子公司执行审计工作，拟对乙公司财务报表发表无法表示意见。管理层在财务报表中充分披露了乙公司持续经营能力存在的重大不确定性和未来应对计划。A注册会计师拟在无法表示意见的审计报告中增加与持续经营相关的重大不确定性部分，提醒报表使用者关注这一情况。

（3）丙公司管理层以无法作出准确估计为由未对2019年末的长期股权投资、固定资产和无形资产计提减值准备。A注册会计师实施审计程序获取充分、适当审计证据后，认为上述事项导致的错报对财务报表具有重大且广泛的影响，拟对财务报表发表无法表示意见。

（4）丁公司2019年度营业收入和毛利率均大幅增长，A注册会计师评估认为存在较高的舞弊风险，将收入确认作为审计中最为重要的事项与治理层进行了沟通。A注册会计师实施审计程序后未发现收入确认存在重大错报，拟将收入确认作为审计报告中的关键审计事项，并在审计应对部分说明，丁公司的收入确认符合企业会计准则的规定，在所有重大方面公允反映了丁公司2019年度的营业收入。

（5）戊公司管理层在2019年度财务报表附注中充分披露了与持续经营相关的多项重大不确定性。因无法判断管理层采用持续经营假设编制财务报表是否适当，A注册会计师拟发表无法表示意见，并在审计报告中增加强调事项段，提醒报表使用者关注戊公司因连续亏损已触发证券交易所退市标准的风险提示公告。

要求：

针对上述第（1）至（5）项，逐项指出A注册会计师的做法是否恰当。如不恰当，简要说明理由。

答案：

（1）恰当。

（2）恰当。

（3）不恰当。财务报表存在重大且广泛的错报/应发表否定意见。
（4）不恰当。关键审计事项不能包含对财务报表单一要素单独发表的意见。
（5）不恰当。强调事项段应提及已在财务报表中披露的事项/不符合强调事项段的定义。

6.（本小题6分。）上市公司甲公司是ABC会计师事务所的常年审计客户。XYZ公司和ABC会计师事务所处于同一网络。审计项目组在甲公司2019年度财务报表审计中遇到下列事项：

（1）A注册会计师自2013年度起担任甲公司审计项目合伙人，2017年12月因个人原因调离甲公司审计项目组，2019年12月起重新担任甲公司审计项目合伙人。

（2）甲公司是上市公司乙公司的重要联营企业。项目经理B注册会计师的父亲于2020年1月6日购买了乙公司股票2 000股。乙公司不是ABC会计师事务所的审计客户。

（3）丙公司是甲公司的不重大子公司，其内审部聘请XYZ公司提供投资业务流程专项审计服务。提供该服务的项目组成员不是甲公司审计项目组成员。

（4）2019年10月，甲公司聘请XYZ公司提供招聘董事会秘书的服务，包括物色候选人、组织面试并向甲公司汇报面试结果。由甲公司董事会确定最终聘用人选。

（5）2019年11月，甲公司的重要联营企业丁公司与XYZ公司签订协议，授权XYZ公司代理丁公司的软件使用许可。丁公司不是ABC会计师事务所的审计客户。

（6）ABC会计师事务所在甲公司经营的直播平台上推出了线上会计培训课程，按照正常商业条款向甲公司支付使用费。

要求：
针对上述第（1）至（6）项，逐项指出是否可能存在违反中国注册会计师职业道德守则有关独立性规定的情况，并简要说明理由。将答案直接填入答题区相应的表格内。

事项序号	是否违反（违反/不违反）	理由
（1）		
（2）		
（3）		
（4）		
（5）		
（6）		

答案：

事项序号	是否违反（违反/不违反）	理由
（1）	违反	冷却期应从2018年度算起/2017年度算作连续服务的第五年/2019年还在冷却期内。

续表

事项序号	是否违反 （违反/不违反）	理由
(2)	违反	B注册会计师的父亲在审计业务期间拥有甲公司关联实体的直接经济利益，因自身利益对独立性产生严重不利影响。
(3)	违反	所提供的内部审计服务涉及与财务报告相关的内部控制，因自我评价对独立性产生严重不利影响。
(4)	违反	为属于公众利益实体的审计客户提供高级管理人员的招聘服务，包括物色候选人，因自身利益、密切关系或外在压力对独立性产生严重不利影响。
(5)	违反	XYZ公司代理审计客户关联实体的产品，因自身利益对独立性产生严重不利影响，属于禁止的/密切的商业关系。
(6)	不违反	ABC会计师事务所按照正常的商业程序使用甲公司的平台，不会对独立性产生不利影响。

四、综合题（本题共19分。）

甲公司是ABC会计师事务所的常年审计客户，主要从事家电产品的生产、批发和零售。A注册会计师负责审计甲公司2019年度财务报表，确定财务报表整体的重要性为800万元，明显微小错报的临界值为40万元。

资料一：

A注册会计师在审计工作底稿中记录了所了解的甲公司情况及其环境，部分内容摘录如下：

（1）2019年6月，甲公司推出了应用AI技术的新款洗衣机，新产品迅速占领市场并持续热销。甲公司自2019年末起以成本价清理旧款洗衣机库存。

（2）为使空调产品在激烈竞争中保持市场占有率，甲公司自2019年3月起推出30天保价和赠送5次空调免费清洗服务的促销措施。

（3）2018年12月31日，甲公司取得常年合作电商平台乙公司20%股权，对其具有重大影响。乙公司2019年接受委托对甲公司自有电子商务平台进行升级改造。乙公司2019年度净利润为3亿元。

（4）2019年，甲公司获得节能产品价格补贴5 000万元和智能家电研发补助6 000万元。

（5）2019年1月起，甲公司将智能家电产品的质保期由一年延长至两年，产品销量因此有所增长。

资料二：

A注册会计师在审计工作底稿中记录了甲公司的财务数据，部分内容摘录如下：

金额单位：万元

项目	未审数 2019年	已审数 2018年
营业收入——洗衣机（旧款）	130 000	220 000
营业成本——洗衣机（旧款）	120 000	170 000

续表

项目	未审数 2019 年	已审数 2018 年
营业收入——空调	300 000	290 000
营业成本——空调	220 000	200 000
其他收益——节能产品价格补贴	5 000	0
其他收益——研发补助	6 000	3 000
研发费用	24 000	25 000
存货——洗衣机（旧款）	20 000	40 000
存货——洗衣机（旧款）存货跌价准备	800	1600
长期股权投资——乙公司	56 000	50 000
固定资产——电子商务平台系统	15 000	5 000
预计负债——空调产品售后清洗服务	6 000	0
预计负债——智能家电产品质量保证	7 200	6 000

资料三：

A 注册会计师在审计工作底稿中记录了审计计划，部分事项如下：

（1）A 注册会计师阅读了甲公司内审部门出具的职工薪酬专项检查报告，拟在职工薪酬的审计中利用参与该专项检查的内部审计人员提供直接协助。

（2）在制定存货监盘计划时，A 注册会计师从甲公司信息系统中导出存货存放地点清单，与管理层存货盘点计划中的信息进行了核对，从中选取了拟执行存货监盘的地点。

（3）因实施穿行测试时发现甲公司与投资和筹资相关的内部控制未得到执行，A 注册会计师将投资和筹资循环的审计策略由综合性方案改为实质性方案，并用新编制的审计计划工作底稿替换了原工作底稿。

资料四：

A 注册会计师在审计工作底稿中记录了实施进一步审计程序的情况，部分内容摘录如下：

（1）A 注册会计师在期中审计时针对 2019 年 1 月至 9 月与采购相关的内部控制实施测试，发现存在控制缺陷，因此，未测试 2019 年 10 月至 12 月的相关控制，通过细节测试获取了与 2019 年度采购交易相关的审计证据。

（2）甲公司销售经理每月将销售费用实际发生额与预算数进行比较分析，并编制分析报告，交副总经理审核。A 注册会计师选取了 4 个月的分析报告，检查了报告上副总经理的签字，据此认为该控制运行有效。

（3）甲公司 2019 年末应收账款余额较 2018 年末增长 30%，明显高于 2019 年度的收入增幅。管理层解释系调整赊销政策所致。A 注册会计师检查了甲公司赊销政策的变化情况，扩大了函证、截止测试和期后收款测试的样本量，并走访了甲公司的重要客户，结果满意。

（4）A注册会计师对甲公司店面租金费用实施实质性分析程序时，确定可接受差异额为400万元，账面金额比期望值少1 400万元。A注册会计师针对其中1 200万元的差异进行了调查，结果满意。因剩余差异小于可接受差异额，A注册会计师认可了管理层记录的租金费用。

资料五：

A注册会计师在审计工作底稿中记录了重大事项的处理情况，部分内容摘录如下：

（1）A注册会计师在审计过程中发现了一笔300万元的重分类错报，因金额较小未提出审计调整，要求管理层在书面声明中说明该错报对财务报表整体的影响不重大。

（2）甲公司某重要客户于2020年1月初申请破产清算。管理层在计提2019年末坏账准备时考虑了这一情况。A注册会计师检查了相关法律文件、评估了计提金额的合理性，结果满意，据此认可了管理层的处理。

（3）A注册会计师在审计中发现甲公司采购总监存在受贿行为，立即与总经理沟通了该事项，获悉董事会已收到内部员工举报，正在进行调查。A注册会计师认为无须再与董事会或股东会沟通。

（4）甲公司总经理因新冠肺炎疫情滞留外地，无法签署书面声明。A注册会计师与总经理视频沟通。总经理表示同意书面声明的内容，并授权副总经理在书面声明上签字并加盖了公章。A注册会计师接受了甲公司的做法。

要求：

（1）针对资料一第（1）至（5）项，结合资料二，假定不考虑其他条件，逐项指出资料一所列事项是否可能表明存在重大错报风险。如果认为可能表明存在重大错报风险，简要说明理由，并说明该风险主要与哪些财务报表项目的哪些认定相关（不考虑税务影响）。将答案直接填入答题区的相应表格内。

事项序号	是否可能表明存在重大错报风险（是/否）	理由	财务报表项目名称及认定
（1）			
（2）			
（3）			
（4）			
（5）			

（2）针对资料三第（1）至（3）项，假定不考虑其他条件，逐项指出A注册会计师的做法是否恰当。如不恰当，简要说明理由。将答案直接填入答题区的相应表格内。

事项序号	是否恰当 （是/否）	理由
（1）		
（2）		
（3）		

（3）针对资料四第（1）至（4）项，假定不考虑其他条件，逐项指出A注册会计师的做法是否恰当。如不恰当，简要说明理由。将答案直接填入答题区的相应表格内。

事项序号	是否恰当 （是/否）	理由
（1）		
（2）		
（3）		
（4）		

（4）针对资料五第（1）至（4）项，假定不考虑其他条件，逐项指出A注册会计师的做法是否恰当。如不恰当，简要说明理由。将答案直接填入答题区的相应表格内。

事项序号	是否恰当 （是/否）	理由
（1）		
（2）		
（3）		
（4）		

答案：

（1）

事项序号	是否可能表明存在重大错报风险（是/否）	理由	财务报表项目名称及认定
（1）	是	旧款产品价格调整至成本价，考虑销售费用和相关税费后可变现净值将低于存货账面价值，而存货跌价准备计提比例与上年一致，可能存在少计存货跌价准备的风险	资产减值损失（完整性/准确性） 存货（准确性、计价和分摊）
（2）	是	免费赠送的清洗服务属于公司承诺的履约义务，应当递延到未来履约时确认收入，可能存在多计营业收入和预计负债的风险	营业收入（发生） 合同负债（完整性） 预计负债（存在） 销售费用（发生）

续表

事项序号	是否可能表明存在重大错报风险（是/否）	理由	财务报表项目名称及认定
(3)	是	甲公司在对乙公司投资采用权益法核算时，直接用乙公司净利润计算，未抵销与联营企业乙公司之间发生的未实现内部交易损益，可能存在多计投资收益的风险	投资收益（准确性） 长期股权投资（准确性、计价和分摊）
(4)	是	节能产品价格补贴很可能构成产品价格的组成部分，可能存在少计营业收入的风险。2019年度研发费用未见增长，而计入损益的研发补助大幅增长，相关补助可能与资产相关，可能存在少计递延收益的风险	其他收益（发生） 营业收入（完整性/准确性） 递延收益（完整性）
(5)	是	质保期延长一倍，产品质量保证预计负债仅增长20%，可能存在少计预计负债的风险	销售费用（准确性） 预计负债（准确性、计价和分摊）

(2)

事项序号	是否恰当（是/否）	理由
(1)	否	涉及内部审计人员已经参与并报告的工作，不得利用内部审计人员提供直接协助。
(2)	否	应当就信息的准确性和完整性获取审计证据/还应考虑存货存放地点清单的完整性。
(3)	否	不应替换原工作底稿，应当在原工作底稿的基础上记录对审计计划作出的重大修改及其理由。

(3)

事项序号	是否恰当（是/否）	理由
(1)	是	
(2)	否	仅检查签字不足以证明控制运行有效/还应了解副总经理是否确实复核了报告内容。
(3)	是	
(4)	否	需要对差异额的全额进行调查。

(4)

事项序号	是否恰当（是/否）	理由
(1)	否	应当要求管理层更正所有超过明显微小错报临界值的错报/累积的错报。
(2)	是	
(3)	否	舞弊涉及管理层/在内部控制中承担重要职责的员工，应当与治理层沟通。
(4)	是	

2019 年注册会计师全国统一考试

《审计》试题及答案

一、**单项选择题**（本题型共 25 小题，每小题 1 分，共 25 分。每小题只有一个正确答案，请从每小题的备选答案中选出一个你认为正确的答案，用鼠标点击相应的选项。）

1. 下列有关财务报表审计的说法中，错误的是（   ）。
    A. 审计的目的是增强预期使用者对财务报表的信赖程度
    B. 审计不涉及为如何利用信息提供建议
    C. 审计只提供合理保证，不提供绝对保证
    D. 审计的最终产品是审计报告和已审计财务报表
    答案：D

2. 下列有关重大错报风险的说法中，错误的是（   ）。
    A. 重大错报风险是指财务报表在审计前存在重大错报的可能性
    B. 注册会计师应当从财务报表层次和各类交易、账户余额和披露认定层次考虑重大错报风险
    C. 重大错报风险可进一步细分为固有风险和检查风险
    D. 注册会计师可以定性或定量评估重大错报风险
    答案：C

3. 下列各项中，不属于审计固有限制的来源的是（   ）。
    A. 注册会计师可能满足于说服力不足的审计证据
    B. 注册会计师获取审计证据的能力受到法律上的限制
    C. 管理层可能不提供与财务报表编制相关的全部信息
    D. 管理层在编制财务报表的过程中需要运用判断
    答案：A

4. 下列各项中，通常无须包含在审计业务约定书中的是（   ）。
    A. 财务报表审计的目的与范围
    B. 出具审计报告的日期
    C. 管理层和治理层的责任
    D. 用于编制财务报表所适用的财务报告编制基础
    答案：B

5. 在确定项目组内部复核的性质、时间安排和范围时，下列各项中，注册会计师无须考虑的是（　　）。
   A. 被审计单位的规模
   B. 评估的重大错报风险
   C. 项目组成员的专业素质和胜任能力
   D. 项目质量控制复核人员的经验和能力
   答案：D

6. 下列各项中，不影响审计证据可靠性的是（　　）。
   A. 用作审计证据的信息与相关认定之间的关系
   B. 被审计单位内部控制是否有效
   C. 审计证据的来源
   D. 审计证据的存在形式
   答案：A

7. 下列有关审计证据的充分性和适当性的说法中，错误的是（　　）。
   A. 审计证据的充分性和适当性分别是对审计证据数量和质量的衡量
   B. 只有充分且适当的审计证据才有证明力
   C. 审计证据的充分性会影响审计证据的适当性
   D. 审计证据的适当性会影响审计证据的充分性
   答案：C

8. 下列有关实质性分析程序的说法中，错误的是（　　）。
   A. 实质性分析程序达到的精确度低于细节测试
   B. 实质性分析程序并不适用于所有财务报表认定
   C. 实质性分析程序提供的审计证据是间接证据，因此无法为相关财务报表认定提供充分、适当的审计证据
   D. 注册会计师可以对某些财务报表认定同时实施实质性分析程序和细节测试
   答案：C

9. 下列审计程序中，不适用于细节测试的是（　　）。
   A. 函证　　　　B. 检查　　　　C. 重新执行　　　　D. 询问
   答案：C

10. 下列与内部控制有关的审计工作中，通常可以使用审计抽样的是（　　）。
    A. 评价内部控制设计的合理性
    B. 确定控制是否得到执行
    C. 测试自动化应用控制的运行有效性
    D. 测试留下运行轨迹的人工控制的运行有效性
    答案：D

11. 在运用审计抽样实施细节测试时，下列情形中，对总体进行分层可以提高抽样效率的是（　　）。
    A. 总体规模较大　　　　　　　　B. 总体变异性较大

C. 预计总体错报较高　　　　　　D. 误拒风险较高

答案：B

12. 下列有关信息技术对审计的影响的说法中，错误的是（   ）。
    A. 被审计单位对信息技术的运用不改变注册会计师制定审计目标、进行风险评估和了解内部控制的原则性要求
    B. 被审计单位对信息技术的运用影响审计内容
    C. 被审计单位对信息技术的运用影响注册会计师需要获取的审计证据的性质
    D. 被审计单位对信息技术的运用不影响注册会计师需要获取的审计证据的数量

    答案：D

13. 下列各项中，不属于在审计工作底稿归档期间的事务性变动的是（   ）。
    A. 删除被取代的审计工作底稿
    B. 对审计工作底稿进行分类和整理
    C. 将在审计报告日后获取的管理层书面声明放入审计工作底稿
    D. 将在审计报告日前获取的、与项目组相关成员进行讨论并达成一致意见的审计证据放入审计工作底稿

    答案：C

14. 下列有关注册会计师了解被审计单位对会计政策的选择和运用的说法中，错误的是（   ）。
    A. 如果被审计单位变更了重要的会计政策，注册会计师应当考虑会计政策的变更是否能够提供更可靠、更相关的会计信息
    B. 在缺乏权威性标准或共识的领域，注册会计师应当协助被审计单位选用适当的会计政策
    C. 当新的会计准则颁布施行时，注册会计师应当考虑被审计单位是否应采用新的会计准则
    D. 注册会计师应当关注被审计单位是否采用激进的会计政策

    答案：B

15. 下列有关注册会计师了解内部控制的说法中，错误的是（   ）。
    A. 注册会计师应当了解与特别风险相关的控制
    B. 注册会计师应当了解与会计估计相关的控制
    C. 注册会计师应当了解与超出被审计单位正常经营过程的重大关联方交易相关的控制
    D. 注册会计师应当了解与会计差错更正相关的控制

    答案：D

16. 下列情形中，通常可能导致注册会计师对财务报表整体的可审计性产生疑问的是（   ）。
    A. 注册会计师对管理层的诚信存在重大疑虑
    B. 注册会计师识别出与员工侵占资产相关的舞弊风险
    C. 注册会计师对被审计单位的持续经营能力产生重大疑虑

D. 注册会计师识别出被审计单位严重违反税收法规的行为

答案：A

17. 下列有关注册会计师评估特别风险的说法中，正确的是（　　）。

    A. 注册会计师应当将具有高度估计不确定性的会计估计评估为存在特别风险

    B. 注册会计师应当将管理层凌驾于控制之上的风险作为特别风险

    C. 注册会计师应当将涉及重大管理层判断和重大审计判断的事项评估为存在特别风险

    D. 注册会计师应当将重大非常规交易评估为存在特别风险

    答案：B

18. 下列有关审计程序不可预见性的说法中，错误的是（　　）。

    A. 增加审计程序的不可预见性是为了避免管理层对审计效果的人为干预

    B. 增加审计程序的不可预见性会导致注册会计师实施更多的审计程序

    C. 注册会计师无须量化审计程序的不可预见性程度

    D. 注册会计师在设计拟实施审计程序的性质、时间安排和范围时，都可以增加不可预见性

    答案：B

19. 对于财务报表审计业务，在决定是否信赖以前审计获取的有关控制运行有效性的审计证据时，下列各项中，注册会计师通常无须考虑的是（　　）。

    A. 控制发生的频率

    B. 控制是否是自动化控制

    C. 控制是否是复杂的人工控制

    D. 控制在本年是否发生变化

    答案：A

20. 如果注册会计师识别出可能导致对被审计单位持续经营能力产生重大疑虑的事项或情况，下列说法中，错误的是（　　）。

    A. 注册会计师应当通过实施追加的审计程序，以确定这些事项或情况是否存在重大不确定性

    B. 注册会计师应当评价管理层与持续经营能力评估相关的未来应对计划对于具体情况是否可行

    C. 注册会计师应当考虑自管理层对持续经营能力作出评估后是否存在其他可获得的事实或信息

    D. 注册会计师应当根据对这些事项或情况是否存在重大不确定性的评估结果，确定是否与治理层沟通

    答案：D

21. 下列有关审计工作底稿复核的说法中，错误的是（　　）。

    A. 项目合伙人应当复核所有审计工作底稿

    B. 审计工作底稿中应当记录复核人员姓名及其复核时间

C. 项目质量控制复核人员应当在审计报告出具前复核审计工作底稿

D. 应当由项目组内经验较多的人员复核经验较少的人员编制的审计工作底稿

答案：A

22. 对于内部控制审计业务，下列有关控制测试的时间安排的说法中，错误的是（　　）。

    A. 注册会计师应当获取内部控制在基准日之前一段足够长的期间内有效运行的审计证据

    B. 如果被审计单位在所审计年度内对控制作出改变，注册会计师应当对新的控制和被取代的控制分别实施控制测试

    C. 注册会计师对控制有效性测试的实施越接近基准日，提供的控制有效性的审计证据越有力

    D. 如果已获取有关控制在期中运行有效性的审计证据，注册会计师应当获取补充审计证据，将期中测试结果前推至基准日

    答案：B

23. 在执行内部控制审计时，下列有关注册会计师评价控制缺陷的说法中，错误的是（　　）。

    A. 在评价控制缺陷的严重程度时，注册会计师无须考虑错报是否发生

    B. 在评价控制缺陷是否可能导致错报时，注册会计师无须量化错报发生的概率

    C. 在评价一项控制缺陷或多项控制缺陷的组合是否构成重大缺陷时，注册会计师应当考虑补偿性控制的影响

    D. 如果被审计单位在基准日完成了对所有存在缺陷的内部控制的整改，注册会计师可以评价认为内部控制在基准日运行有效

    答案：D

24. 下列各项中，不属于注册会计师使用财务报表整体重要性的目的的是（　　）。

    A. 决定风险评估程序的性质、时间安排和范围

    B. 识别和评估重大错报风险

    C. 确定审计中识别出的错报是否需要累积

    D. 评价已识别的错报对审计意见的影响

    答案：C

25. 下列有关注册会计师作出区间估计以评价管理层的点估计的说法中，错误的是（　　）。

    A. 注册会计师作出区间估计时可以使用与管理层不同的假设

    B. 在极其特殊的情况下，注册会计师可能缩小区间估计直至审计证据指向点估计

    C. 注册会计师作出的区间估计需要包括所有可能的结果

    D. 如果注册会计师难以将区间估计的区间缩小至低于实际执行的重要性，可能意味着与会计估计相关的估计不确定性可能导致特别风险

    答案：C

二、多项选择题（本题型共 10 小题，每小题 2 分，共 20 分。每小题均有多个正确答案，请从每小题的备选答案中选出你认为正确的答案，用鼠标点击相应的选项。每小题所有答案选择正确的得分，不答、错答、漏答均不得分。）

1. 下列各项中，不属于鉴证业务的有（　　）。
   A. 财务报表审计　　　　　　　　　B. 财务报表审阅
   C. 代编财务信息　　　　　　　　　D. 对财务信息执行商定程序
   答案：CD

2. 下列各项中，属于注册会计师应当开展的初步业务活动的有（　　）。
   A. 针对接受或保持客户关系实施相应的质量控制程序
   B. 评价遵守相关职业道德要求的情况
   C. 确定审计范围和项目组成员
   D. 就审计业务约定条款与被审计单位达成一致
   答案：ABD

3. 下列各项中，注册会计师在所有审计业务中均应当确定的有（　　）。
   A. 财务报表整体的重要性　　　　　B. 实际执行的重要性
   C. 可容忍错报　　　　　　　　　　D. 明显微小错报的临界值
   答案：ABD

4. 下列各项中，属于注册会计师通过实施穿行测试可以实现的目的的有（　　）。
   A. 确认对业务流程的了解
   B. 确认对重要交易的了解是否完整
   C. 评价控制设计的有效性
   D. 确认控制是否得到执行
   答案：ABCD

5. 下列情形中，通常表明可能存在财务报表层次重大错报风险的有（　　）。
   A. 被审计单位财务人员不熟悉会计准则
   B. 被审计单位投资了多家联营企业
   C. 被审计单位频繁更换财务负责人
   D. 被审计单位内部控制环境薄弱
   答案：ACD

6. 下列有关与特别风险相关的控制的说法中，正确的有（　　）。
   A. 注册会计师应当了解和评价与特别风险相关的控制的设计情况，并确定其是否得到执行
   B. 对于与特别风险相关的控制，注册会计师不能利用以前审计获取的有关控制运行有效性的审计证据
   C. 如果被审计单位未能实施控制以恰当应对特别风险，注册会计师应当针对特别风险实施细节测试
   D. 如果注册会计师实施控制测试后认为与特别风险相关的控制运行有效，对特别风险实施的实质性程序可以仅为实质性分析程序

答案：ABCD

7. 注册会计师运用审计抽样实施细节测试时，下列各项中，可以作为抽样单元的有（   ）。
   A. 一个账户余额
   B. 一笔交易
   C. 交易中的一个记录
   D. 每个货币单元

   答案：ABCD

8. 下列有关注册会计师在执行财务报表审计时对法律法规的考虑的说法中，正确的有（   ）。
   A. 注册会计师没有责任防止被审计单位违反法律法规
   B. 对于直接影响财务报表金额和披露的法律法规，注册会计师应就被审计单位遵守了这些法律法规获取充分、适当的审计证据
   C. 对于不直接影响财务报表金额和披露的法律法规，注册会计师应就被审计单位遵守了这些法律法规获取管理层的书面声明
   D. 如果识别出被审计单位的违反法律法规行为，注册会计师应当考虑是否有责任向被审计单位以外的监管机构报告

   答案：ABD

9. 下列有关注册会计师的专家的说法中，正确的有（   ）。
   A. 注册会计师的专家包括在会计或审计领域具有专长的个人或组织
   B. 注册会计师的专家可以是网络事务所的合伙人或员工
   C. 注册会计师的专家可以是会计师事务所的临时员工
   D. 注册会计师的专家包括被审计单位管理层的专家

   答案：BC

10. 在执行集团公司内部控制审计时，对于内部控制可能存在重大缺陷的业务流程，下列做法中，正确的有（   ）。
    A. 亲自测试相关内部控制而非利用他人工作
    B. 在接近内部控制评价基准日的时间测试内部控制
    C. 选择更多的子公司进行内部控制测试
    D. 增加相关内部控制的控制测试量

    答案：ABCD

三、简答题（本题型共 6 小题 36 分。）

1. （本小题 6 分。）ABC 会计师事务所首次接受委托审计甲公司 2018 年度财务报表，委派 A 注册会计师担任项目合伙人。与首次承接审计业务相关的部分事项如下：

（1）DEF 会计师事务所审计了甲公司 2017 年度财务报表。XYZ 会计师事务所接受委托审计甲公司 2018 年度财务报表，但未完成审计工作。A 注册会计师将 DEF 会计师事务所确定为前任注册会计师，与其进行了沟通。

（2）A 注册会计师在与甲公司签署审计业务约定书并征得管理层同意后，与前任注册会计师进行了口头沟通，沟通内容包括：是否发现甲公司管理层存在诚信方面的问题；前

任注册会计师与甲公司管理层在重大会计、审计等问题上存在的意见分歧；向甲公司治理层通报的管理层舞弊、违反法律法规行为以及值得关注的内部控制缺陷；甲公司变更会计师事务所的原因。

（3）对于长期股权投资的期初余额，A注册会计师检查了形成期初余额的会计记录，以及包括投资协议和被投资单位工商登记信息在内的相关支持性文件，结果满意。

（4）A注册会计师对2018年末的存货实施了监盘，将年末存货数量调节至期初存货数量，并抽样检查了2018年度存货数量的变动情况，据此认可了存货的期初余额。

（5）在征得甲公司管理层同意，并向前任注册会计师承诺不对任何人作出关于其是否遵循审计准则的任何评论后，A注册会计师通过查阅前任注册会计师的审计工作底稿，获取了有关甲公司固定资产期初余额的审计证据，并在审计报告的其他事项段中提及部分依赖了前任注册会计师的工作。

要求：

针对上述第（1）至（5）项，逐项指出A注册会计师的做法是否恰当。如不恰当，简要说明理由。

答案：

（1）不恰当。前任注册会计师还包括XYZ会计师事务所/在后任注册会计师之前接受委托对当期财务报表进行审计但未完成审计工作的会计师事务所。

（2）不恰当。应在接受委托前/签署业务约定书前与前任注册会计师进行沟通。

（3）恰当。

（4）不恰当。还应对期初存货的计价实施审计程序。

（5）不恰当。后任注册会计师应当对自身实施的审计程序/得出的审计结论负责。

2．（本小题6分。）ABC会计师事务所的A注册会计师负责审计甲公司2018年度财务报表。审计工作底稿中与函证相关的部分内容摘录如下：

（1）A注册会计师对甲公司年内已注销的某人民币银行账户实施函证，银行表示无法就已注销账户回函。A注册会计师检查了该账户的注销证明原件，核对了亲自从中国人民银行获取的《已开立银行结算账户清单》中的相关信息，结果满意。

（2）在实施应收账款函证程序时，A注册会计师将财务人员在发函信封上填写的客户地址与销售部门提供的客户清单中的地址进行核对后，亲自将询证函交予快递公司发出。

（3）甲公司根据销售合同在发出商品时确认收入。客户乙公司回函确认金额小于函证金额，甲公司管理层解释系期末发出商品在途所致。A注册会计师检查了合同、出库单以及签收单等支持性文件，并与乙公司财务人员电话确认了相关信息，结果满意。

（4）A注册会计师对应收账款余额实施了函证程序，有15家客户未回函。A注册会计师对其中14家实施了替代程序，结果满意；对剩余一家的应收账款余额，因其小于明显微小错报的临界值，A注册会计师不再实施替代程序。

（5）甲公司未对货到票未到的原材料进行暂估。A注册会计师从应付账款明细账中选取90%的供应商实施函证程序，要求供应商在询证函中填列余额信息。

要求：

针对上述第（1）至（5）项，逐项指出A注册会计师的做法是否恰当。如不恰当，简要说明理由。

答案：

（1）恰当。

（2）不恰当。客户清单属于内部信息/客户清单并不是用以验证发函地址准确性的适当证据/应当通过合同、公开网站等来源核对地址。

（3）恰当。

（4）不恰当。应对所有未回函的余额实施替代程序。

（5）不恰当。应从供应商清单中选取函证对象/从应付账款明细账中选取函证对象不足以应对低估风险。

3．（本小题 6 分。）ABC 会计师事务所的 A 注册会计师负责审计甲集团公司 2018 年度财务报表。与集团审计相关的部分事项如下：

（1）A 注册会计师将资产总额、营业收入或利润总额超过设定金额的组成部分识别为重要组成部分，其余作为不重要的组成部分。

（2）乙公司为重要组成部分，各项主要财务指标均占集团财务报表相关财务指标的 50% 以上。A 注册会计师亲自担任组成部分注册会计师，选取乙公司财务报表中所有金额超过组成部分重要性的项目执行了审计工作，结果满意。

（3）A 注册会计师对不重要组成部分的财务报表执行了集团层面分析程序，并对这些组成部分的年末银行存款、借款和与金融机构往来的其他信息实施了函证程序，结果满意。

（4）A 注册会计师评估认为重要组成部分丙公司的组成部分注册会计师具备专业胜任能力，复核后认可了其确定的组成部分重要性和组成部分实际执行的重要性。

（5）A 注册会计师要求所有组成部分注册会计师汇报组成部分的控制缺陷和超过组成部分实际执行重要性的未更正错报，将其与集团层面的控制缺陷和未更正错报汇总评估后认为：甲集团公司不存在值得关注的内部控制缺陷；集团财务报表不存在重大错报。

要求：

针对上述第（1）至（5）项，逐项指出 A 注册会计师的做法是否恰当。如不恰当，简要说明理由。

答案：

（1）不恰当。在识别重要组成部分时还要考虑可能存在导致集团财务报表发生重大错报的特别风险的组成部分。

（2）不恰当。乙公司是具有财务重大性的重要组成部分，应当对乙公司财务信息执行审计。

（3）恰当。

（4）不恰当。应当由集团项目组确定组成部分重要性。

（5）不恰当。应当要求组成部分注册会计师汇报超过集团层面明显微小错报临界值的错报。

4．（本小题 6 分。）ABC 会计师事务所的 A 注册会计师负责审计多家上市公司 2018 年度财务报表，遇到下列与审计报告相关的事项：

（1）因无法就甲公司 2018 年度财务报表的多个项目获取充分、适当的审计证据，

A注册会计师发表了无法表示意见,并在审计报告的关键审计事项部分说明:除形成无法表示意见的基础部分所述事项外,不存在其他需要在审计报告中沟通的关键审计事项。

(2)乙公司管理层2017年末未计提商誉减值准备,A注册会计师无法就此获取充分、适当的审计证据,对2017年度财务报表发表了保留意见。管理层于2018年末根据减值测试结果计提了商誉减值准备,并在2018年度利润表中确认了资产减值损失。A注册会计师认为导致上年度发表保留意见的事项已经解决,对2018年度财务报表发表了无保留意见。

(3)因丙公司原董事长以子公司名义违规提供对外担保,导致该子公司2018年度发生多起诉讼。丙公司管理层针对年末未决诉讼在财务报表中估计并确认了大额预计负债。因丙公司在审计报告日前转让了该子公司的全部股权,A注册会计师认为违规担保事项已解决,对2018年度财务报表发表了无保留意见。

(4)2018年11月初,丁公司因处置重要子公司戊公司的部分股权而对其丧失控制,自此不再将其纳入合并财务报表范围。由于无法获取戊公司2018年度财务报表和相关财务信息,A注册会计师认为无法就与剩余股权相关的财务报表项目获取充分、适当的审计证据,对财务报表发表了保留意见。

(5)2018年末,己公司将大额债权转让给庚公司,因转回相关的坏账准备而产生的利润占当年利润总额的20%。因无法就该交易的商业理由获取充分、适当的审计证据,A注册会计师对财务报表发表了保留意见。

要求:

针对上述第(1)至(5)项,逐项指出A注册会计师的做法是否恰当。如不恰当,简要说明理由。

答案:

(1)不恰当。当对财务报表发表无法表示意见时,注册会计师不得在审计报告中包含关键审计事项部分。

(2)不恰当。导致上期发表保留意见的事项未得到解决/对本期数据仍有影响,应发表保留意见。

(3)不恰当。可能存在未知悉的担保事项和潜在的诉讼风险/尚未就担保事项的完整性获取充分、适当的审计证据,不应发表无保留意见。

(4)不恰当。戊公司为重要子公司,2018年1月至10月的经营成果对丁公司合并财务报表具有重大而广泛的影响/应发表无法表示意见。

(5)恰当。

5.(本小题6分。)上市公司甲公司是ABC会计师事务所的常年审计客户。XYZ公司和ABC会计师事务所处于同一网络。审计项目组在甲公司2018年度财务报表审计中遇到下列事项:

(1)项目合伙人A注册会计师曾负责审计甲公司2013年度至2015年度财务报表,之后调离甲公司审计项目组,担任乙公司2016年度至2017年度财务报表审计项目合伙人,乙公司是甲公司不重要的子公司。

（2）审计项目组成员 B 注册会计师的父亲在丙公司持有重大经济利益。丙公司为甲公司不重要的联营企业，不是 ABC 会计师事务所的审计客户。

（3）审计项目组成员 C 曾担任甲公司成本会计，2018 年 5 月离职加入 ABC 会计师事务所，同年 10 月加入甲公司审计项目组，负责审计固定资产。

（4）甲公司聘请 XYZ 公司提供人力资源系统的设计和实施服务，该系统包括考勤管理和薪酬计算等功能。

（5）甲公司是丁公司的重要联营企业。2018 年 8 月，XYZ 公司接受丁公司委托对其拟投资的标的公司进行评估，作为定价参考。丁公司不是 ABC 会计师事务所的审计客户。

（6）甲公司研发的新型电动汽车于 2018 年 12 月上市。甲公司在 ABC 会计师事务所年会上为其员工举办了专场试驾活动，并宣布事务所员工可以按照甲公司给其同类大客户的优惠价格购车。

要求：

针对上述第（1）至（6）项，逐项指出是否可能存在违反中国注册会计师职业道德守则有关独立性规定的情况，并简要说明理由。将答案直接填入答题区相应的表格内。

事项序号	是否违反（违反/不违反）	理由
（1）		
（2）		
（3）		
（4）		
（5）		
（6）		

答案：

事项序号	是否违反（违反/不违反）	理由
（1）	不违反	A 注册会计师不是甲公司 2016 年度及 2017 年度关键审计合伙人/2016 年度及 2017 年度不计入甲公司关键审计合伙人五年连续任期。
（2）	违反	甲公司对丙公司有重大影响，且项目组成员 B 的父亲在丙公司持有重大经济利益，因自身利益对独立性产生严重不利影响。
（3）	违反	C 在财务报表涵盖的期间曾担任甲公司的特定员工/财务人员，因自身利益、自我评价或密切关系对独立性产生严重不利影响。
（4）	违反	人力资源系统包括薪酬计算功能，生成的信息对甲公司会计记录或财务报表影响重大/构成财务报告内部控制的重要组成部分，将因自我评价对独立性产生严重不利影响。

续表

事项序号	是否违反（违反/不违反）	理由
(5)	不违反	对丁公司投资标的的评估结果不会对甲公司财务报表产生影响/不构成实施审计程序的对象，不会对独立性产生不利影响。
(6)	违反	该试驾活动被视为 ABC 会计师事务所向其员工推销甲公司产品/属于禁止的商业关系，将因自身利益对独立性产生严重不利影响。

6.（本小题 6 分。）ABC 会计师事务所的质量控制制度部分内容摘录如下：

（1）事务所每年对业务收入考核排名前十位的合伙人奖励 50 万元，对业务质量考核排名后十位的合伙人罚款 5 万元。

（2）事务所每三年至少一次向所有需要按照相关职业道德要求保持独立性的人员获取其遵守独立性政策和程序的书面确认函。

（3）对新晋升合伙人，事务所每年选取其已完成的一项业务进行质量检查。如连续五年合格，之后以三年为周期进行业务质量检查；如连续两个周期合格，之后以五年为周期进行业务质量检查。

（4）为确保客观性，项目质量控制复核人员不得为其复核的审计项目提供咨询。

（5）如果审计工作底稿中的纸质记录经扫描后以电子形式归档，原纸质记录应销毁，以确保对客户信息的保密。

要求：

针对上述第（1）至（5）项，逐项指出 ABC 会计师事务所的质量控制制度的内容是否恰当。如不恰当，简要说明理由。

答案：

（1）不恰当。事务所的奖惩制度没有体现以质量为导向。

（2）不恰当。对事务所中需要按照职业道德要求保持独立性的人员，须每年至少一次获得这些人员遵守独立性政策和程序的书面确认函。

（3）不恰当。实施业务检查的周期最长不得超过 3 年。

（4）恰当。

（5）不恰当。原纸质记录应当予以保留。

四、综合题（本题共 19 分。）

甲公司是 ABC 会计师事务所的常年审计客户，主要从事轨道交通车辆配套产品的生产和销售。A 注册会计师负责审计甲公司 2018 年度财务报表，确定财务报表整体的重要性为 1 000 万元，实际执行的重要性为 500 万元。

资料一：

A 注册会计师在审计工作底稿中记录了所了解的甲公司情况及其环境，部分内容摘录如下：

（1）因 2017 年 a 产品生产线的产能利用率已接近饱和，甲公司于 2018 年初开始建设一条新的生产线，预计工期 15 个月。

（2）甲公司于 2018 年 5 月应乙公司要求，开始设计开发新产品 b 的模具。乙公司于 2018 年 10 月汇付甲公司 1 200 万元，为模具前期开发提供资金支持。双方约定该款项从 b 产品的货款中扣除。

（3）2018 年 3 月，甲公司与丙公司签订销售合同，为其定制 c 产品，并应丙公司要求与其签订采购合同，向其购买 c 产品的主要原材料。

（4）2018 年，由于竞争对手改进生产工艺，大幅提高了产品质量，甲公司 d 产品的订单量锐减。

（5）2018 年 9 月，甲公司委托丁公司研发一项新技术，甲公司承担研发过程中的风险并享有研发成果。委托合同总价款 5 000 万元，合同生效日预付 40%，成果交付日支付剩余款项。该研发项目 2018 年末的完工进度约为 30%。

资料二：

A 注册会计师在审计工作底稿中记录了甲公司的财务数据，部分内容摘录如下：

金额单位：万元

项目	未审数 2018 年	已审数 2017 年
营业收入——a 产品	30 000	20 000
营业成本——a 产品	21 000	14 000
营业收入——c 产品	10 000	0
营业成本——c 产品	9 800	0
营业收入——d 产品	2 200	8 000
营业成本——d 产品	2 000	5 500
其他收益——b 产品模具补贴	1 200	0
预付款项——丁公司研发费	2 000	0
存货——a 产品	9 000	7 000
存货——c 产品主要原材料	2 000	0
存货——d 产品	200	1 000
在建工程——b 产品模具	2 400	0
无形资产——d 产品专有技术	2 500	3 000

资料三：

A 注册会计师在审计工作底稿中记录了审计计划，部分内容摘录如下：

（1）甲公司利用生产管理系统中的自动化控制进行生产工人的排班调度，以提高生产效率。A 注册会计师认为该控制与审计无关，拟不纳入了解内部控制的范围。

（2）甲公司供应商数量多，采购交易量大。A 注册会计师拟对采购与付款循环相关的财务报表项目实施综合性方案，采用随意抽样测试相关内部控制的运行有效性，采用货币单元抽样测试应付账款的准确性和完整性。

(3) A 注册会计师评估认为整个会计期间均存在舞弊导致的重大错报风险，将会计分录测试的范围确定为 2018 年度的所有非标准分录和其他调整。

资料四：

A 注册会计师在审计工作底稿中记录了实施进一步审计程序的情况，部分内容摘录如下：

(1) A 注册会计师抽样测试了与职工薪酬相关的控制，发现一个偏差。因针对职工薪酬实施实质性程序未发现错报，A 注册会计师认为该偏差不构成缺陷，相关控制运行有效。

(2) A 注册会计师采用实质性分析程序测试甲公司 2018 年度的借款利息支出，发现已记录金额与预期值之间存在 600 万元差异，因可接受差异额为 500 万元，A 注册会计师要求管理层更正了 100 万元的错报。

(3) 甲公司年末存放在客户仓库的产品余额为 2 000 万元。由于无法实施监盘，且认为函证很可能无效，A 注册会计师检查了甲公司相关产品的发出和客户签收记录、与客户的对账记录以及期后结算单据，查询了客户网站上开放给供应商的库存信息，据此认可了该项存货的数量。

(4) 甲公司原材料年末余额为 10 000 万元，包括 3 000 个项目。A 注册会计师在实施计价测试时，抽样选取了 50 个项目作为测试样本，发现两个样本存在错报，这两个样本的账面金额为 150 万元和 50 万元，审定金额为 120 万元和 40 万元。A 注册会计师采用比率法推断的总体错报为 2 400 万元。

资料五：

A 注册会计师在审计工作底稿中记录了重大事项的处理情况，部分内容摘录如下：

(1) A 注册会计师在审计过程中发现，甲公司出纳利用内部控制缺陷挪用公司资金 600 万元。甲公司管理层追回了该款项，并将出纳开除。因该事项未对甲公司造成损失，且管理层已向治理层汇报，A 注册会计师认为无须再与治理层沟通。

(2) 甲公司 2018 年度财务报表存在一笔未更正错报 400 万元，系少计提企业所得税所致。因该错报金额小于财务报表整体的重要性，A 注册会计师认为该错报不重大，不影响审计结论。

(3) 甲公司于 2019 年初更换了管理层。因已获取新任管理层有关 2018 年度财务报表的书面声明，A 注册会计师未再要求前任管理层提供书面声明。

(4) 在审计报告日后、财务报表报出日前，甲公司 2018 年末的一项重大未决诉讼终审结案，管理层根据判决结果调整了 2018 年度财务报表。在对该调整实施审计程序后，A 注册会计师对重新批准的财务报表出具了新的审计报告。

要求：

(1) 针对资料一第 (1) 至 (5) 项，结合资料二，假定不考虑其他条件，逐项指出资料一所列事项是否可能表明存在重大错报风险。如果认为可能表明存在重大错报风险，简要说明理由，并说明该风险主要与哪些财务报表项目的哪些认定相关（不考虑税务影响）。将答案直接填入答题区的相应表格内。

事项序号	是否可能表明存在重大错报风险（是/否）	理由	财务报表项目名称及认定
（1）			
（2）			
（3）			
（4）			
（5）			

（2）针对资料三第（1）至（3）项，假定不考虑其他条件，逐项指出 A 注册会计师的做法是否恰当。如不恰当，简要说明理由。将答案直接填入答题区的相应表格内。

事项序号	是否恰当（是/否）	理由
（1）		
（2）		
（3）		

（3）针对资料四第（1）至（4）项，假定不考虑其他条件，逐项指出 A 注册会计师的做法是否恰当。如不恰当，简要说明理由。将答案直接填入答题区的相应表格内。

事项序号	是否恰当（是/否）	理由
（1）		
（2）		
（3）		
（4）		

（4）针对资料五第（1）至（4）项，假定不考虑其他条件，逐项指出 A 注册会计师的做法是否恰当。如不恰当，简要说明理由。将答案直接填入答题区的相应表格内。

事项序号	是否恰当（是/否）	理由
（1）		
（2）		
（3）		
（4）		

答案：
(1)

事项序号	是否可能表明存在重大错报风险（是/否）	理由	财务报表项目名称及认定
(1)	是	2017年产能利用率已接近饱和，2018年营业收入大幅增长，可能存在多计营业收入、营业成本的风险。	营业收入（发生） 营业成本（发生）
(2)	是	客户汇入的款项不是补贴收入/是预收款，可能存在多计其他收益的风险	其他收益（发生） 合同负债（完整性）
(3)	是	c产品的主要原材料由客户提供，且毛利率很低，该业务可能是受托加工业务/需要采用净额法确认收入，可能存在多计存货、营业收入和营业成本的风险。	存货（存在） 营业收入（发生） 营业成本（发生）
(4)	是	产品订单锐减，可能导致相关的无形资产/专有技术出现减值，可能存在少计无形资产减值的风险。	资产减值损失（完整性/准确性） 无形资产（准确性、计价和分摊）
(5)	是	由于甲公司承担研发过程中的风险并享有研发成果，该项研发实质上是甲公司的自主研发，可能存在少计开发支出或研发费用，多计预付款项的风险	开发支出/研发费用（完整性） 预付款项（存在）

(2)

事项序号	是否恰当（是/否）	理由
(1)	是	
(2)	否	货币单元抽样不适用于测试总体的低估/完整性。
(3)	否	测试范围还应当包括标准会计分录。

(3)

事项序号	是否恰当（是/否）	理由
(1)	否	实施实质性程序未发现错报，并不能说明相关的控制运行有效。
(2)	否	差异超过可接受的差异额，注册会计师应当调查该差异，而不是将超出部分直接作为错报。
(3)	是	
(4)	否	推断的总体错报应为2 000万元。

（4）

事项序号	是否恰当（是/否）	理由
（1）	否	该事项表明存在值得关注的内部控制缺陷，应当与治理层沟通。
（2）	否	是否构成重大错报还应当考虑错报的性质。
（3）	是	
（4）	否	还应将对期后事项的审计程序延伸至新的审计报告日。